ACCESO GRATIS *a la Lectura en la Nube*

Para visualizar el libro electrónico en la nube de lectura envíe junto a su nombre y apellidos una fotografía del código de barras situado en la contraportada del libro y otra del ticket de compra a la dirección:

ebooktirant@tirant.com

En un máximo de 72 horas laborales le enviaremos el código de acceso con sus instrucciones.

AF607727

DERECHO EMPRESARIAL Y NUEVAS TECNOLOGÍAS: ANÁLISIS Y PERSPECTIVAS

Procedimiento de selección de originales, ver página web:
www.tirant.net/index.php/editorial/procedimiento-de-seleccion-de-originales

DERECHO EMPRESARIAL Y NUEVAS TECNOLOGÍAS: ANÁLISIS Y PERSPECTIVAS

ALBERTO AMOR MEDINA
MAYRA JULIETA ACOSTA CHÁVEZ
ELSA BIBIANA PERALTA HERNÁNDEZ
Coordinadores

Comisión de Derecho Empresarial

VÍCTOR OLÉA PELÁEZ
Presidente BMA

ANA MARÍA KUDISCH CASTELLÓ
Primera Vicepresidenta BMA

tirant lo blanch
Ciudad de México, 2024

© EDITA: TIRANT LO BLANCH
DISTRIBUYE: TIRANT LO BLANCH MÉXICO
Av. Tamaulipas 150, Oficina 502
Hipódromo, Cuauhtémoc, 06100, Ciudad de México
Telf: +52 1 55 65502317
infomex@tirant.com
www.tirant.com/mex/
www.tirant.es
ISBN: 978-84-1071-825-8

Si tiene alguna queja o sugerencia, envíenos un mail a: *atencioncliente@tirant.com*. En caso de no ser atendida su sugerencia, por favor, lea en *www.tirant.net/index.php/empresa/politicas-de-empresa* nuestro Procedimiento de quejas.

Responsabilidad Social Corporativa: http://www.tirant.net/Docs/RSCTirant.pdf

Índice

Crowdfunding y el Derecho Corporativo a la luz de la Ley *FINTECH*

JUAN FRANCISCO COSTILLA GUZMÁN

El diez de octubre del 2017, el entonces presidente, Enrique Peña Nieto, envío al Senado de la República, el Decreto por el cual se emitía la Ley para regular las Instituciones de Tecnología Financiera (LITF), mejor conocida como Ley *FINTECH*, la cual tuvo su publicación en el Diario Oficial de la Federación el 09 de marzo del 2018.[1] En su momento, una de las primeras legislaciones de su tipo en América Latina. Su objetivo principal era mantener el orden y la regulación de las Instituciones de Tecnología Financiera, tanto en su creación como en su organización, operación y funcionamiento, las cuales, en los últimos años han tenido un crecimiento exponencial, derivado en gran parte de la tendencia mundial de llevar la economía hacía los medios electrónicos.

Con la entrada en vigor de la LITF, se conceptualiza, de manera precisa, lo que son las Instituciones de Financiamiento Colectivo:[2]

> *Siendo estas las organizaciones que llevan a cabo actividades destinadas a poner en contacto a las personas del público en general[3] con el fin de que entre ellas se puedan generar u otorgar financiamientos mediante alguna de las operaciones señaladas en la Ley, realizadas de manera habitual y profesional a través de aplicaciones informáticas, interfaces, páginas de internet o cualquier otro medio de comunicación electrónica.*

---

1 Ley para regular las Instituciones de Tecnología Financiera, Diario Oficial de la Federación 09 de marzo 2018, México.

2 Ley para regular las Instituciones de Tecnología Financiera, artículo 16. Diario Oficial de la Federación 09 de marzo 2018, México.

3 Hasta este momento la LITF, no hace señalamiento alguno para diferenciar a personas físicas o morales. Punto relevante toda vez que, gracias a esta no distinción tanto las personas morales como las personas físicas pueden ser partícipes de una financiación colectiva.

Esto se traduce en la organización de personas con el fin de fondear algún proyecto, a través de medios electrónicos. La LITF no hace distinción sobre qué es lo que se tiene que realizar a través de los medios electrónicos, si la organización de las personas o el otorgar los financiamientos, por lo que, en cualquiera de ambos casos, si llegase a haber la intervención de estos medios, se considerará una Institución de Financiamiento Colectivo y estará sujeta a la regulación y permisos de operación indicados en Ley.

Por otro lado, la búsqueda de financiamiento se realiza en sentido amplio destinada a "proyectos", debiendo entender por estos cualquier actividad, negocio u objetivo que se tenga. En su mayoría se realizan con un fin de especulación comercial, no es exclusivo, pero sí primordialmente suele tener como meta la obtención de algún tipo de rédito por la participación o recepción de dicho financiamiento.

El término de financiamiento colectivo proviene de la traducción del término anglosajón *crowdfunding*, el cual, adoptó la LITF para describir las conductas actuales de financiamiento que se han dado principalmente a través de las tecnologías de la información.

1. INSTITUCIONES DE FINANCIAMIENTO COLECTIVO

El fenómeno del fondeo colectivo o *crowdfunding* se ha dado en America Latina con mucha fuerza y su popularización se debe en gran parte a las políticas públicas de los países que buscan que se desarrollen y potencialicen negocios locales para llegar a escalas mundiales, esto desde luego, es prácticamente imposible con la simple intención de apoyar el desarrollo de las pequeñas y medianas empresas, para ello es necesario el recurso económico.

Aún y con la voluntad de las entidades gubernamentales de cada nación por impulsar el desarrollo de la economía interna con nuevos negocios, en su mayoría, no les es posible aportar el capital necesario para que estos negocios puedan tener éxito y transiten las etapas más tempranas de desarrollo, las cuales suelen ser las más peligrosas para su extinción, de manera sólida y con más posibilidades de éxito que de fracaso. Por ello es que los gobiernos, a falta de capital propio, impulsan la creación de incubadoras de negocios que faciliten la profesionalización de emprendedores y que, por medio de esta profesionalización, puedan ser mas asequibles para inversión privada, ya sea de una gran masa de colectividad o de algún ente especialista en inversiones, tratando de garantizar así la supervivencia del negocio y su desarrollo.

Derivado de esto, la mayoría de los negocios que buscan este tipo de financiamientos, suelen tener una característica en común: son recientes. Y buscan el impulso del financiamiento para determinado proyecto o bien para un crecimiento generalizado. Son emprendedores que hacen uso y aprovechamiento de las tecnologías de la información y de la profesionalización en sus campos para tener la posibilidad de ser financiados.

Con la entrada en vigor de la LITF, para que las operaciones digitales se realicen conforme a derecho, deberán entrar en el supuesto de las Instituciones de Financiamiento Colectivo, por lo que, deberán ser reguladas, además de ser realizadas de forma profesional, por medio de páginas web, aplicaciones informáticas o por cualquier otro medio electrónico o digital que se encuentre respaldado por una autorización y registro ante la Comisión Nacional Bancaria y de Valores (CNBV), ante la Comisión Nacional Para la Defensa de los Usuarios de Servicios Financieros (CONDUSEF) y más instituciones.[4] Las autorizaciones y requisitos ante diversas entidades buscan brindar certeza y seguridad a las operaciones, ya sea para la persona que opta por realizar financiamiento o para aquella que desea recibirlo por alguno de estos medios.

Al respecto la LITF reconoce tres tipos de Instituciones de Financiamiento Colectivo:[5]

1. ***Financiamiento Colectivo de Deuda****. Con el fin de que los inversionistas otorguen créditos, mutuos o cualquier otro financiamiento causante de un pasivo directo o contingente a los solicitantes;*
2. ***Financiamiento Colectivo de Capital****. Es aquel que tiene como fin que los inversionistas compren o adquieran títulos representativos del capital social de personas morales que actúen como solicitantes.*

---

4 Lemus Rivero Luis Mario, enero (2019) *Previsiones Legales del Crowdfunding en la Ley Fintech.* Foro Jurídico, núm. 184, pp. 70-73.

5 Ley para regular las Instituciones de Tecnología Financiera, Artículo 16. Diario Oficial de la Federación 09 de marzo 2018, México.

3. ***Financiamiento Colectivo de Copropiedad o regalías.*** *Es aquel que tiene como fin el que los inversionistas y solicitantes celebren entre ellos asociaciones en participación o cualquier otro tipo de convenio por el cual el inversionista adquiera una parte aliquota o participación en un bien presente o futuro o en los ingresos, utilidades, regalías o pérdidas que se obtengan de la realización de una o más actividades o de los proyectos de un solicitante.*

Este apartado podría considerarse lo más innovador de la LIFT, ya que contempla esquemas de financiamiento que, en apariencia, hasta la fecha de emisión de la LIFT no habían sido reconocidos y que se han popularizado con el estallido del Internet, no obstante, estos modelos no son tan nuevos como pareciera.

La primera acción de Crowdfunding se atribuye oficialmente al grupo de Rock británico *Marillión,* quienes, en 1997, con el fin de financiar su gira por Estados Unidos hicieron una "colecta" de donaciones abierta al público. Otro ejemplo del surgimiento de este tipo de financiamientos lo podemos encontrar 8 años antes, de manera no oficial, con el también grupo musical Extremo Duro, en 1989 financió su primer disco, gracias a donaciones realizadas por terceros, sin la intervención de un ente bancario. Estos antecedentes exponen que, el financiamiento colectivo ha permeado en la humanidad desde hace poco más de tres décadas y que, como ya se mencionó anteriormente, la llegada del internet al mundo entero ha provocado que este se convierta en un fenómeno y una tendencia hacia la que se orienta el futuro de los servicios financieros en general.

Con la intervención de los medios digitales, ha sido mucho más accesible y viable la organización de personas[6] para que se lleve a cabo el fondeo de algún proyecto, sin dejar de lado que los montos de financiamiento al ser afrontados por una colectividad ayudan a que decrezca la barrera de entrada para acceder a este tipo de opciones de inversión. Al gozar los proyectos de un alcance masivo por los medios electrónicos, los montos que en principio de cuentas parecían inalcanzables para el grosor de la población, ahora resultan accesibles a más personas y hay una suma mayor de sujetos interesados en participar.

---

6 Entendiendo en concepto amplio, por personas, a las físicas y/o morales.

Aunado a la disminución en la barrera de entrada, este tipo de inversiones, tratándose del financiamiento colectivo de copropiedad, ofrece beneficios más atractivos y en largo plazo, como es obtener una participación societaria en los proyectos financiados que irá proporcional al crecimiento del negocio que ha apoyado y no solamente se queda en la obtención de una posible ganancia con el pago de intereses. Para efectos de la presente redacción, si bien estaremos considerando los 3 tipos de financiamiento colectivo, las referencias que se hagan serán relativas al financiamiento colectivo de capital, ya que suele ser el más atractivo, efectivo y utilizado, por su popularidad.

No debemos pasar por alto que, los principales usuarios de este tipo de opciones financieras son personas que se encuentran familiarizados con los medios tecnológicos y que han crecido en un ambiente en que tienen poca desconfianza en invertir por medio de la tecnología, siendo regularmente personas que se encuentran entre los 19 y los 35 años de edad, con amplio gusto por las tecnologías de la información y tiene un desarrollo de vida primordialmente digital, por lo que, no es raro que gestionen sus sistemas financieros por estos medios.[7]

2. INTERSECCIÓN

Una vez vistas las características y condiciones más relevantes sobre la Ley *FINTECH* y el *crowdfunding*, entraremos en el estudio del punto donde convergen ambos elementos junto con el derecho corporativo. Pareciera que donde confluyen es muy breve, sin embargo, hay múltiples factores en los cuales se puede llegar a considerar el derecho corporativo como un pilar para el éxito del financiamiento colectivo.

El derecho corporativo sustentado en el derecho societario, como columna vertebral legal que regula la conformación, operación y disolución de las personas morales, se entrelaza con el *crowdfunding* desde el ámbito de la concepción del negocio, ya que en el inicio de las operaciones se tendrá que elegir una estructura determinada y

---

7 Taller de Prácticas. *Empresas FINTECH*. "Entérese en qué consisten y las disposiciones que las regulan", en *Práctica Fiscal*, julio 2020, núm. 184, pp. 70-73.

elementos de administración, para saber la forma en que se ejercerá el manejo de la misma.

Posteriormente se pasa por el ámbito contractual, en el cual las partes que acuerdan realizar el esquema de un financiamiento colectivo; pactan de forma libre las condiciones que operarán en el desarrollo del objeto. El impacto que tiene este tipo de decisiones repercutirá directamente en la vida y desarrollo del negocio que reciba el fondeo.

Por último, se tiene el gobierno corporativo, para el cual retomamos la definición dada por Alberto Montiel, como sigue:

> *Es un sistema basado en principios, códigos, políticas, reglas y controles en el que participan los accionistas, los consejeros, y los directivos, en donde existen pesos y contrapesos y con base en el cual, las empresas son guiadas y controladas con autoridad y responsabilidad.*[8]

En un segundo tiempo, cuando ya el inversionista ha optado por llevar a cabo su inversión en un determinado proyecto, el factor principal que debe de interesar es la forma en que la empresa o proyecto fondeado va a llevar a cabo la administración de todos los recursos que ha recibido. No es tema menor que esto se vuelva para unos el camino y reglas de vigilancia sobre la correcta administración de los bienes, en tanto que, para otros se torna en los lineamientos y estrategias para las cuales se ha realizado una inversión. En ambos casos el Gobierno Corporativo se vuelve indispensable.

La elección de la estructura legal tiene un impacto significativo en la emisión de valores y la participación de los inversores en la empresa. En el caso de sociedades anónimas, por ejemplo, los inversores suelen adquirir una porción de acciones representativas de la propiedad de la empresa, mismas que, en función de la serie accionaria en que se emitan podrán tener ciertos derechos de acceso a votaciones o a participaciones en las ganancias obtenidas durante los ejercicios. Por otro lado, en sociedades de responsabilidad limitada, los inversores poseen participaciones que reflejan sus derechos en la toma de decisiones y la distribución de beneficios. El derecho corporativo,

---

[8] A. Montiel Castellanos. *El Gobierno Corporativo y sus Responsabilidades Fiscales*. Dofiscal, Ciudad de México, marzo 2011, p. 16.

a través de la Ley General de Sociedades Mercantiles, establece los mecanismos que permiten a los emprendedores definir cómo los inversores participarán en el éxito y las ganancias de la empresa.

La estructura jurídica tendrá alcance en cuanto a la organización de las sociedades, los requisitos que se tendrán para la obtención de financiamiento y la participación de quienes aportan recursos para fondeo. Las opciones disponibles dentro del derecho corporativo, como las sociedades anónimas, las sociedades de responsabilidad limitada y otras estructuras híbridas, ofrecen diferentes niveles de responsabilidad, toma de decisiones y distribución de beneficios, tanto para la parte que va a ofertar el financiamiento como para la que lo va a recibir.

3. SUJETOS RECEPTORES DE FONDEO

En la mayoría de las sociedades mercantiles existe la posibilidad de que se tenga financiamiento de forma indirecta, que pueda reflejarse a la postre en el cuadro accionario o de partes sociales. Salvo casos puntuales de restricción en ley o limitación estatutaria a la emisión de acciones o de partes sociales,[9] los entes mercantiles tendrán la posibilidad de optar por el financiamiento colectivo.[10] Esta posibilidad es el punto de partida para que haya la apertura legal de que una sociedad mercantil tenga una opción distinta de financiamiento a los mecanismos tradicionales.

Las sociedades mercantiles son el principal factor de estudio para el financiamiento colectivo, ya que, a través de las sociedades es que se dan dos puntos relevantes para el desarrollo del financiamiento: 1. Que las sociedades mercantiles son entes jurídicos abstractos, formados por un contrato y; 2. Tienen la posibilidad de partición en su propia constitución. Caso contrario ocurre en las personas físicas, en las que el objeto del negocio no se puede despersonalizar del sujeto,

---

9 Ley para regular las Instituciones de Tecnología Financiera, Artículos 91 inciso A) y Artículo 130, fracción VII. Diario Oficial de la Federación 09 de marzo 2018, México.

10 Ley General de Sociedades Mercantiles, artículos 113 y 114. Reformada, Diario Oficial de la Federación, 20 de octubre 2023, México

ni tampoco la propiedad de la persona puede ser objeto de transmisión. Existen posibilidades de financiamiento colectivo a personas físicas, bajo otras particularidades, sin embargo, para efectos del presente análisis no formarán parte de este.

Tanto en una sociedad anónima como en una sociedad de responsabilidad limitada, puede haber financiamiento de forma indirecta por parte de sujetos externos a la sociedad. Lo denominamos de forma indirecta, ya que la búsqueda de capital suele llevarse a cabo por medio de los mecanismos más comunes, siendo estos el préstamo o el crédito, en ambos casos el objeto de los participantes es meramente mercantil y especulativo. Por un lado, el solicitante obtiene el recurso deseado y por otra parte el otorgante adquirirá en contraprestación un rédito previamente pactado, a través del tiempo. También, este financiamiento suele ir destinado y etiquetado directamente a operaciones puntuales de la sociedad. En cambio, en el financiamiento colectivo el principal objeto de los inversionistas es la obtención de una parte de la persona moral que constituye el negocio, además que, el recurso a recibirse no se encuentra formalmente etiquetado, sino que formará parte de la bolsa total del patrimonio de la sociedad.

La LITF no hace distinción en quiénes pueden ser parte del financiamiento (inversionistas) ni quiénes puedan recibirlo (solicitantes), se encuentra abierta la posibilidad, con la intención de no limitar el desarrollo de cualquier potencial negocio.

4. DE LOS VEHÍCULOS DE INVERSIÓN EN EL *CROWDFUNDING*

A través del *crowdfunding* se han creado estrategias de inversión, para que el financiamiento no sea directo, si no que se realice por medio de Instituciones de Tecnología Financiera o vehículos de inversión. Existen modalidades de financiamiento colectivo en las que la búsqueda no es la de una participación en la sociedad, atendiendo a un acto meramente mercantil de préstamo o crédito, sin embargo, son las menos, ya que el atractivo principal de esta figura radica en la posibilidad de materializar propiedad de una sociedad o negocio exitoso y la obtención de réditos de manera continuada a través del tiempo.

Los vehículos de inversión interactúan como un intermediario, que fungirá entre la sociedad beneficiaria que recibirá en última instancia el recurso económico objeto del financiamiento y la colectividad que ha optado por participar en ello.

Los Intermediarios deberán encontrarse autorizados como una institución de financiamiento colectivo. Dicha autorización será otorgada por la Comisión Nacional Bancaria y de Valores.[11]

Una de las principales funciones de los Intermediarios es la de concentrar información, ya que son quienes suelen brindar los canales para que la parte que necesita una inversión pueda hacer pública información a personas interesadas en participar en un financiamiento colectivo y, por el otro lado, brindar a las personas de la colectividad los medios adecuados para que se publique información de interés proveniente del negocio del fondeo. Otra de sus funciones es la acumulación de información relativa al paso y transcurso del negocio en el cual se ha llevado a cabo la inversión, entre otras, la publicación de resultados, actividades desarrolladas, hitos o cualquier otra información que pueda ser de interés sobre cómo se han ejercido los recursos brindados.

Una tercera función más reciente de los Intermediarios, radica en el hecho de la vida corporativa de las sociedades que forman parte de sus fondeos. Ya que, al igual que toda sociedad, las que reciben inversión de una colectividad tienen obligaciones corporativas que cumplir, por mencionar algunas se encuentra la necesidad de realizar asambleas anuales y la presentación de estados de resultados e informes de la administración. Desde luego, al haber una colectividad que tiene interés en un negocio el escrutinio es profundo y la transparencia debiera ser máxima, por lo que, la rendición de cuentas de los entes fondeados se convierte en un punto crucial para el éxito y tranquilidad de todas las partes.

Debido a esta necesidad de clarificación de cuentas en los entes fondeados, las obligaciones corporativas tomaron otra dimensión.

---

11 Ley para regular las Instituciones de Tecnología Financiera, Artículo 11. Diario Oficial de la Federación 09 de marzo 2018, México.

Fue común en los años previos a la emisión de la Ley para Regular las Instituciones de Tecnología Financiera, que los contratos de financiamiento colectivo insertaran "innovaciones" en los mecanismos de rendición de cuentas, principalmente para que esto pudiera realizarse a través de medios electrónicos o la presentación de asambleas de socios de forma virtual. Recursos que, a todas luces facilitan el acceso de las personas a la información, sin embargo, estas "innovaciones" carecían en ese momento de sustento legal que les diera la validez necesaria para que surtieran efectos jurídicos. No obstante, con el paso del tiempo y el mismo avance de la tecnología, se hizo indispensable que fueran contemplados por la legislación. Actualmente la Ley General de Sociedades Mercantiles, en reforma del 20 de octubre del 2023, contempla la utilización de medios electrónicos para la celebración de asambleas o juntas de una sociedad, reconociendo y adoptando ahora las "innovaciones" que en su momento surgieron, dándole con esto seguridad jurídica a los mecanismos que, en un principio por el beneficio de los medios electrónicos, se utilizaron para ser la base del financiamiento colectivo.

Los vehículos de financiamiento fungen como instrumentos que facilitan la interacción entre las personas que ostentan el recurso y quien lo requiere. Esta actividad de intermediación, como cualquier otra, conlleva un costo, el cual suele ser pagado regularmente en dos vías, por las dos partes que convergen con el intermediario: 1. El cobro de una comisión a la persona que aporta el recurso para el fondeo. Ya sea en descuento de porcentaje de posibles réditos o en descuento de porcentaje de conversión accionario y; 2. A la sociedad que recibe la inversión, adicional al porcentaje que corresponda a los inversionistas, se otorga un porcentaje de participación, regularmente accionario en favor del Intermediario o a través de algún tercero que este último indique. Es decir, al inversionista que aporta su capital para el financiamiento le será descontado un porcentaje de las ganancias (si las hubiere) cuando el proyecto que recibió el crédito las emita o bien, del porcentaje accionario que adquirió el inversionista una parte corresponderá al intermediario. En tanto que, el proyecto que recibe la inversión, de la totalidad de lo acumulado por la colectividad le suele pagar una comisión al intermediario y muchas veces, adicionalmente, destinará un porcentaje especial accionario para el intermediario.

Se han detectado mecanismos de abuso por parte de las Instituciones de Tecnología Financiera, ya que, estos intermediarios volvieron una práctica común el que por sí mismos adquirieran la totalidad de las acciones o partes sociales, incluso las que les correspondían a los propios inversionistas y a estos últimos, en caso de haber alguna ganancia lo que se les otorgaba únicamente era un porcentaje de las mismas, sin embargo, la propiedad accionaria del negocio o proyecto, se realizaba en favor de el intermediario. En cambio, en el supuesto de que el negocio no tuviera el éxito esperado y se llegará al trágico desenlace de que tuviera que disolverse y liquidarse la sociedad que recibió la inversión, no otorgaban ninguna clase de reembolso a los inversionistas y manifestaban que el riesgo de toda inversión es la posible pérdida de la totalidad del capital invertido.

Esta práctica se torna ventajosa en función del abuso de la máxima jurídica de que las partes pueden pactar libremente los términos bajo los cuales contratan, siempre y cuando no sean contrarios a la Ley, no obstante, aún y cuando ambas partes están contratando en su libertad, el inversionista, que suele ser una persona física, con una suma económica determinada y sin conocimiento jurídico sobre cuáles son los beneficios del fondeo colectivo, acepta colaborar bajo la condicionante de que recibirá un porcentaje de los beneficios que reporte la empresa en la que está invirtiendo, no sabiendo que la esencia de la figura en la que está ejerciendo su inversión es que absorba tanto los riesgos como la totalidad de beneficios, siendo esto, adquirir una parte proporcional del capital invertido sobre el negocio, proyecto o empresa a la que se está fondeando y no un porcentaje en la repartición de dividendos, en caso de que en alguna ocasión los hubiera.

5. DE LOS INVERSIONISTAS

Uno de los principales aspectos a considerar en el ámbito del financiamiento colectivo radica en la seguridad de las inversiones para quienes aportan su capital. En función del nivel de seguridad que tenga la opción de inversión, al igual que sucede con la Bolsa Mexicana de Valores, las inversiones serán catalogadas para poder instruir el nivel de confianza o los elementos con que cuentan y puedan aportar certeza jurídica y patrimonial.

Ejemplos de elementos a considerar en la búsqueda de una mayor seguridad en la inversión, se pueden considerar los siguientes:

1. Correcta creación del receptor de la inversión. Con esto nos referimos a la constitución de la persona moral que recibirá el fondeo. Que se ostente con claridad quiénes son los accionistas, sus directivos y la forma de administración. La tenencia de un respaldo documental sólido y surtiendo plenos efectos jurídicos. Documentos elementales para acreditar esto de manera enunciativa más no limitativa son el acta constitutiva, un correcto otorgamiento de poderes y las inscripciones correspondientes en Registro Público, de cada documento; libros sociales con registros vigentes; títulos accionarios en caso de ser aplicable al tipo de sociedad, etc.
2. Oportunidad de mercado. Es de suma importancia el estudio del ecosistema en el cual tomará forma el desarrollo del negocio y el tamaño de la necesidad que está satisfaciendo en el mercado. La verificación de la posible oportunidad por medio del análisis objetivo de datos es una obligación si se quiere tener algo de certeza sobre el posible éxito o fracaso de la de inversión.
3. Soporte contractual. La inversión colectiva, como ya se describió anteriormente es una figura en la cual intervienen 3 partes: i) El Solicitante. Persona que recibirá el fondeo; ii) El Inversionista. Persona que aportara el capital para el desarrollo del negocio y; iii) Institución de Tecnología Financiera o intermediario. Figura que actúa a través de medios electrónicos para actuar en la operación de fondeo como un facilitador de las otras dos partes participantes. Como podemos observar, el entramado jurídico que debe soportar esta relación tripartita es complejo, ya que por un lado el Solicitante recibirá el fondeo del Inversionista con la Institución de Tecnología Financiera facilitando la información. De este tipo de hecho deberían de resultar diversos actos jurídicos contractuales, de manera enunciativa más no limitativa, en función de la particularidad de cada operación, desde un atípico contrato de inversión, contrato de comisión

mercantil o hasta un contrato de prestación de servicios. La relevancia del soporte contractual radica en la regulación de la relación que tendrán las partes y culminará en las obligaciones a que se hace acreedor cada uno con motivo de sus actividades. A falta de un soporte documental idóneo las lagunas ocasionarán que disminuya lo que puede ser una excelente oportunidad o incluso llevarla a su extinción.

4. Claridad en la administración. Desde luego, toda inversión se realiza pensando en el mejor de los supuestos, que tendrá éxito y se generarán rendimientos, no obstante, durante el desarrollo de la inversión, el ente fondeado debe cumplir con parámetros de administración y transparentar todas sus actividades, a efecto de brindar seguridad sobre el correcto manejo de los recursos. La existencia de políticas claras sobre la rendición de cuentas se vuelve obligatorio ante el escrutinio constante de los inversionistas.

   Cierto es que la mayoría de las inversiones se realizan en personas morales que aún tienen un corto trayecto de experiencia en la administración y desarrollo del negocio, suelen tener grandes proyectos con mucho potencial, pero de corto bagaje, esto ocasiona que se dé poca importancia a instaurar mecanismos claros de administración de recursos, a generar políticas adecuadas de manejo de operaciones o una nula comunicación del órgano de administración de la sociedad del negocio y sus inversionistas. Es común que la comunicación entre inversionistas y creadores del proyecto o sociedad que recibe la inversión sea solamente a través de datos publicados en la plataforma del Intermediario, siendo nula la interacción con los verdaderos controladores de las operaciones del negocio. A la postre, esto se traduce en desconfianza por parte de los inversionistas y en la pérdida de posibles futuras inversiones en el desarrollo del negocio.

6. DEL GOBIERNO CORPORATIVO

Partiendo de la concepción de que el Gobierno Corporativo de una empresa se refiere a la totalidad de políticas y directrices bajo las cuales se regirá su actuar y administración, involucrando a los accionistas, al órgano de administración y a la dirección general. Se debe indicar que a través de estas herramientas se definirán, en gran parte, los posibles resultados que se obtengan y que, a la postre, culminarán en beneficios o afectaciones para los participantes.

El primer documento en el cual se manifiestan los lineamientos de Gobierno Corporativo, es el contrato social, por medio del cual los integrantes de la sociedad acuerdan las funciones, derechos y obligaciones a que será acreedor cada una de las partes.

En los estatutos sociales aprobados por los accionistas se encuentran los pesos y contrapesos que se establecerán y los mecanismos a través de los cuales operarán. Parte de lo que se busca con este equilibrio es que, en los estatutos sociales se contemplen los derechos de aquellos que son una minoría (derechos de minorías)[12] y que tendrían un menor nivel de voz para la toma de decisiones, pretendiendo evitar el posible abuso o ejercicio desigual de los derechos otorgados a cada uno de ellos.

No debemos dejar de lado que, tratándose de equilibrio también se deben contemplar los derechos de aquellos accionistas que se unen a la sociedad en una serie especial, sin voz ni voto, es decir como meros espectadores de la toma de decisiones de una sociedad, no obstante, aun y cuando no dispongan de estos beneficios, sí mantienen los derechos de vigilancia y de petición al órgano de administración de la sociedad, con el fin de salvaguardar sus intereses en el negocio.

Este último caso, sin voz, ni voto (salvo excepciones),[13] suele ser el más común cuando se realizan financiamientos colectivos del tipo

---

12 R. Garzón Jiménez. Revista Mexicana de Derecho, *Derechos de minorías*, México, 2005, núm. 7, p. 10. El autor indica que los derechos de minoría "*tienen por objeto servir de contrapeso a las decisiones de la mayoría; se otorgan también para que la minoría tenga participación en los órganos de administración y de vigilancia de las sociedades y también con el objeto de tutelar la participación económica de los socios minoritarios en la sociedad de que se trate.*"

13 Los derechos de las minorías se encuentran contemplados según el régimen societario que se tenga, se hace la aclaración de que no se indica que no ostentan ningún tipo de derecho, si no que, en el manejo y operación de una sociedad, será muy breve la participación que tengan, caso distinto será para la adminis-

que implica la adquisición de acciones o partes sociales, por ello, obtiene relevancia la forma en que estos tendrán acceso a solicitar la clarificación de las cuentas y administración de la sociedad. Se parte también del hecho de que ellos aportan únicamente capital, dejando la totalidad del peso de la toma de decisión en quienes suelen ser los fundadores del negocio, bajo el principio de que operarán buscando siempre los intereses tanto de ellos como fundadores, como de la sociedad en general como negocio, que es en donde ellos se encuentran contemplados. Desde otra perspectiva, se dice que invierten confiando en que otros buscarán el mejor beneficio por su dinero, ya que está mezclado con el de una colectividad.

Por último, debemos indicar que el Gobierno Corporativo, en el financiamiento colectivo, cobra especial relevancia por el nivel tan alto de cumplimiento a distintas obligaciones y legislaciones en el país y en el mundo. Es tanta la magnitud de obligaciones contenidas en función del giro del negocio, que ocasionalmente se vuelve un verdadero tormento para las empresas estar al pendiente y al día en todas sus obligaciones. Un correcto *Compliance empresarial,* deviene de una solida base de directrices corporativas, enfocadas en el bienestar de la operación y del negocio en general.

Ha quedado desfasado para las organizaciones la relajación del cumplimiento de la normatividad, bajo el argumento de que no se quiera entorpecer las operaciones cotidianas, ya que, en la práctica, un adecuado Gobierno Corporativo formaliza con eficacia y diligencia las necesidades tanto de cumplimiento como de no entorpecer la operación del negocio. Es más oneroso el relajamiento de las medidas de cumplimiento empresarial, que la implementación de un eficaz sistema de *Compliance empresarial,* derivado de adecuadas políticas de Gobierno Corporativo.

Podemos concluir que la importancia del derecho corporativo en el financiamiento colectivo radica en 3 principales ejes: 1. Transparencia en la administración; 2. Toma de decisiones directivas y; 3. Desarrollo del negocio.

---

tración de esta, en donde se vuelven relevantes a pesar de no contar con un amplio peso societario.

7. CONSIDERACIONES FINALES

Hemos podido identificar los aspectos más relevantes del *Crowdfunding* o financiamiento colectivo, sus finalidades, composición, partes involucradas y funcionamiento.

Sin duda, es una herramienta con particularidades amplias, para efectos del presente estudio se consideró principalmente el financiamiento colectivo de capital, enfocado en los tipos de sociedades anónimas y de responsabilidad limitada, ya que suele ser el más utilizado y al mismo tiempo el más atractivo para los inversionistas. Desde luego, los otros tipos de financiamiento colectivo enfocados a personas físicas o en diferentes regímenes societarios deberán ser objeto de estudio en un posterior análisis.

Con la finalidad de enfatizar la importancia del Derecho Corporativo en las nuevas tecnologías se ha considerado que el financiamiento colectivo es el mayor ejemplo, ya que lleva las viejas prácticas corporativas hacía las nuevas tecnologías y hace un reto al acartonado sistema jurídico, poniendo de manifiesto que primero se da la necesidad y luego se adecúa la norma, como bien ha sucedido con este tipo de regulaciones, que apenas data del 2018, no obstante, el funcionamiento de estos mecanismos va por su cuarta década. Desde luego el factor primordial de esto es la tecnología, los medios electrónicos son el cuerpo de todas estas figuras, en donde las cuestiones financieras no han sido la excepción, en poco tiempo, las finanzas serán totalmente electrónicas y las tradicionales figuras jurídicas de a poco, las que sigan vigentes, igualmente tendrán que ir migrando.

Lineamientos Principales del Compliance Empresarial

MAYRA J. ACOSTA CHÁVEZ[1]

Las disposiciones en temas de Cumplimiento de Obligaciones para las Empresas en los últimos años han resultado ser sumamente abrumadoras, donde diversas legislaciones han sido incluso modificadas a efecto de establecer mayores requisitos, supuestos y lineamientos a cumplir, no solo en materia fiscal o de comercio exterior, sino ahora también en materia laboral y corporativa. Por lo anterior, resulta necesario que las empresas se encuentren cada vez mejor preparadas bajo una cultura de la prevención, solo así podrán anticiparse y contar con opciones en caso de presentarse alguna eventualidad, riesgo o hecho desfavorable en la empresa, lo cual genere contingencias, la imposición de multas o aplicación de sanciones.

En ese sentido, el objeto del presente artículo es exponer algunas consideraciones sobre obligaciones en materia Corporativa y Empresarial que de manera muy general, podrán tomar en cuenta las Empresas en función de sus actividades, a efecto de mitigar, en la medida de lo posible, cualquier riesgo o contingencia, dentro de las cuales podemos mencionar las siguientes:

1. EN MATERIA CORPORATIVA

a) Verificar y proceder a la celebración de Asambleas (principalmente las denominadas Anuales) las cuales deben quedar debidamente documentadas, así como cumplir con todas las especificaciones en el particular en relación con los requisitos previstos tanto en los Estatutos como en la Ley General de So-

---

1 Licenciada en Derecho y Maestra en Derecho Corporativo Internacional; Subcoordinadora de la Comisión de Derecho Empresarial de la BMA.

ciedades Mercantiles (LGSM) para su celebración, tales como su convocatoria, registros, asientos y demás formalidades;

b) Proceder a la elaboración de todos los Asientos y Registros en los Libros Corporativos de la Sociedad, así como proceder a su actualización cada ocasión que se presente algún supuesto que modifique la información previamente asentada en los mismos;

c) Realizar la emisión de Títulos de Acciones, en aquellos casos en que la Empresa sea una Sociedad con Acciones, como por ejemplo, la Sociedad Anónima o la Sociedad Anónima Promotora de Inversión;

d) Asimismo, presentar aviso ante la Secretaría de Economía a través de su Sistema Electrónico (PSM) sobre modificaciones a la estructura accionaria o social de la Empresa, así como de aquellos avisos que conforme a la LGSM deban realizarse en tal Sistema como en el caso de Fusiones, Escisiones, Transformaciones, Acuerdos de distribución parcial, etc.

e) Verificar la vigencia de los poderes otorgados a favor de los Representantes Legales de la Sociedad, así como limitaciones, términos especiales y facultades conferidas en los mismos.

2. EN MATERIA FISCAL

a) Presentar la declaración de socios o accionistas extranjeros que han optado por no inscribirse al Registro Federal de Contribuyentes en términos del Código Fiscal Federal y su Reglamento;

b) Presentar ante las Autoridades Hacendarias aviso de notificación, modificación o incorporación de información de socios o accionistas de la Sociedad.

c) Aunado a lo anterior, la Empresa deberá considerar también recabar y mantener actualizada la Información relativa al Beneficiario Controlador de la Empresa, en términos del Código Fiscal de la Federación y la Resolución Miscelánea Fiscal.

3. EN MATERIA LABORAL

a) Recabar, procesar y mantener actualizada la información relacionada con la contratación o prestación de Servicios Especializados u Obras Especializadas, así como su inscripción ante el Registro correspondiente conocido como REPSE, incluyendo el análisis del objeto social de las partes contratantes, a efectos de delimitar que no se está incurriendo en una subcontratación de servicios.

b) Verificación y actualización de la información y documentación en materia laboral así como de seguridad social, entre los cuales se pueden mencionar a manera de referencia:
   - Contratos de trabajo,
   - Reglamento Interior de Trabajo,
   - Documentación relativa a la implementación de las NOMs aplicables en materia de Salud y Seguridad, así como aquella relativa a la integración de Comisiones Mixtas conforme a la Ley Federal del Trabajo,
   - Protocolo para prevenir, atender y erradicar la violencia laboral en los centros de trabajo, en acuerdo con los trabajadores

4. CONSIDERACIONES, RENOVACIONES Y AVISOS ADICIONALES:

a) Presentación del Informe Económico Anual ante el Registro Nacional de Inversiones Extranjeras, cuando la Sociedad cuente con Capital de dicha procedencia;

b) Presentación de Aviso Trimestral al Registro Nacional de Inversiones Extranjeras, de igual forma cuando esto proceda;

c) Solicitar y obtener su Constancia de Empleador ante el Instituto Nacional de Migración en caso de contar con empleados extranjeros, y mantener dicha Constancia vigente mediante la presentación en tiempo y forma del Aviso anual;

d) Presentación del Reporte Anual de Operaciones de Comercio Exterior, mediante la Ventanilla Digital Mexicana de Comercio Exterior (VUCEM) cuando se trate de Sociedades con programas de la industria Manufacturera denominado IMMEX o PROSEC autorizado.

e) Presentación de los Avisos e Informes correspondientes, cuando la Sociedad realice Actividades Vulnerables conforme a la Ley Federal para la Prevención e Identificación de Operaciones con Recursos de procedencia ilícita (conocida como Ley Antilavado).

f) Verificación de información y documentación en cumplimiento a la Ley Federal de Protección de Datos Personales en posesión de particulares.

g) Presentación de declaración de uso cuando la empresa cuente con el Titulo de Registro de algún Signo Distintivo otorgado por el Instituto Mexicano de la Propiedad Industrial (IMPI).

Aunado a lo anterior, las Empresas deberán de igual forma tomar en consideración la verificación de información y presentación en tiempo y forma de todos los avisos, registros, solicitudes y renovaciones aplicables en materia fiscal y laboral, tales como declaraciones anuales, provisionales, al Seguro Social, Contabilidad Electrónica, DIOTs, por mencionar algunos, en adición a los permisos, autorizaciones y licencias Federales, Estatales y Municipales requeridas y aplicables al giro correspondiente, así como considerar temas en materia Ambiental y de Ecología.

En función de lo ya planteado, debemos tener claro y no pasar por alto que toda la información de la Sociedad plasmada en documentos, archivos, asientos y registros electrónicos, que sirvan como evidencia del cumplimiento de obligaciones de la Empresa en materia Corporativa, Laboral, de Comercio Exterior y Fiscal, deben en todo momento coincidir.

Asimismo no debemos olvidar que los Libros Corporativos de una Sociedad Mercantil (ie. el Libro de Actas, de Registro de Accionistas o de Socios, así como el de Variaciones en el Capital y de Sesiones de Consejo), junto con los Avisos presentados al Servicio de Administración Tributaria y en el Sistema Electrónico de la Secretaría de Economía por lo que respecta a la información corporativa y estructura accionaria o social de la Sociedad, forman parte de la Contabilidad de una Empresa en términos del Código Fiscal de la Federación y su

Reglamento, por lo que, el no contar con ellos (o que los mismos sean omisos, presenten información incorrecta o que dicha información no se encuentre actualizada), generará la imposición de las multas previstas en dichos ordenamientos aplicables a la falta u omisión por lo que respecta a la Contabilidad General.

Finalmente reiteramos que son muchos los beneficios que representa para las Empresas contar con protocolos, parámetros y lineamientos que les ayuden a cumplir con todas las disposiciones ya señaladas en tiempo y forma, así como contar con evidencia documentada del cumplimiento (o al menos el ánimo de debido cumplimiento, en su caso) ante la eventual solicitud de la misma por parte de Autoridades ya sean Hacendarias, del Trabajo o de Comercio Exterior entre otras, evitando con ello, en la medida de lo posible, sanciones, multas o consecuencias que pueden representar la pérdida de ciertos beneficios obtenidos (eg. la Certificación de IVA e IEPS para las Empresas que importan temporalmente bienes para su transformación o reparación bajo regímenes aduaneros especiales) o incluso que los sellos digitales de la Sociedad se vean comprometidos, situación que obviamente pone en riesgo la operación o las actividades regulares de las Empresas.

En conclusión, coincido totalmente con quienes afirman en que la fortaleza de las Empresas reside en ser precavidos y estar preparados, por lo que la debida documentación y registro de las operaciones de la Empresa, así como la presentación de los avisos y actualizaciones en tiempo y forma deben ser considerados parte integrante de las actividades imprescindibles de cualquier Empresa aunado a la debida asesoría de especialistas en el tema. Definitivamente, la cultura del cumplimiento normativo en un contexto ético ha cobrado mayor relevancia; no tomar en consideración la implementación de lineamientos en el tema pone cada vez en mayor riesgo a las Sociedades por lo que su observancia a dejado de ser una opción, los tiempos así lo demandan.

La Sociedad Anónima Promotora de Inversión como vehículo para Fondos de Inversión en México

GABRIELA PÉREZ SIERRA
CARLOS EDUARDO GÓMEZ GONZÁLEZ

1. INTRODUCCIÓN

Cuando hablamos de fondos de inversión, podemos pensar en diversos tipos de fondos o esquemas de inversión, como lo podrían ser los fondos cotizados (*exchange traded funds* o ETFs), fondos mutualistas, fondos de cobertura (*hedge funds*), fondos especulativos, fondos inmobiliarios como lo pueden ser los Fideicomisos de Bienes Raíces (o REIT, por sus siglas en inglés *Real Estate Investment Trust*), así como fondos de capital emprendedor (*venture capital funds*) o fondos de capital privado (*private equity funds*).

Para dimensionar la relevancia de este estudio, según la Asociación Mexicana de Capital Privado, A.C. (Amexcap), la cual es una de las asociaciones que agrupan una buena parte de los inversionistas y participantes en la industria de capital privado y capital emprendedor en México, en los últimos 20 años se ha obtenido un capital comprometido acumulado de más USD$69.5 mil millones de dólares, respecto de las cuales, 550 empresas se han beneficiado de este esquema para recaudar fondos para su operación y crecimiento, y lo que se ha traducido en la generación de más de 1.7 millones de empleados.[1]

Para invertir en las empresas mexicanas, los fondos de capital privado y/o de capital emprendedor requieren de vehículos jurídicos que les permitan estructurar sus operaciones de forma eficiente, flexible y segura. Uno de los vehículos más utilizados por este tipo de fondos en México es la Sociedad Anónima Promotora de Inversión (SAPI). La SAPI ofrece una mayor flexibilidad y protección a los in-

---

1 Ver: https://amexcap.com/capital-privado/#capital-privado-mexico

versionistas que una sociedad anónima tradicional, ya que permite establecer en sus estatutos sociales diversas cláusulas y condiciones que se adaptan a las necesidades de cada negocio.

Este trabajo, tiene por objeto conocer con mayor detalle los fondos de capital emprendedor y los fondos de capital privado, a fin de analizar un vehículo específico como lo es la SAPI, como vehículo que, a pesar de la reforma a la Ley General de Sociedades Mercantiles, en donde se incorporaron diversos mecanismos a la Sociedad Anónima tradicional para permitirle ser un vehículo eficiente y moderno (como la implementación de un marco legal que reconoce los convenios entre accionistas o bien, la implementación de limitaciones al derecho de voto), sigue siendo relevante y otorgando ventajas importantes para la estructuración e implementación de inversiones realizadas por los fondos de inversión en México.

2. FONDOS DE CAPITAL PRIVADO

Los fondos de inversión de capital emprendedor o de capital privado, son entidades que reúnen recursos de diversos inversionistas, con el fin de invertirlos en empresas privadas con un alto potencial de crecimiento y rentabilidad, este tipo de fondos, pueden tener las siguientes características:

(i) Fondos de Capital Privado. Se trata de entidades que reúnen recursos de diversos inversionistas con el fin de invertirlos en empresas privadas, con un alto potencial de crecimiento y rentabilidad.

    a. Objetivo. Además de identificar empresas con un alto potencial de crecimiento y rentabilidad, la estrategia comercial consiste en obtener un retorno superior al del mercado, mediante la implementación de mejoras operativas, financieras y estratégicas de las empresas que adquieren, así como la implementación mejores prácticas de gobierno corporativo, redes de contactos, incluyendo con alguna otra inversión de su portafolio, y asesoría general como miembros profesionales en diversos consejos de administración.

b. Fuentes de financiamiento. Suelen ser diversas, pero generalmente se basan en la venta de participaciones en el fondo, mediante el aporte de capital de inversionistas institucionales o bien, inversionistas calificados, así como, en algunos casos, con el apalancamiento contra el balance de las empresas adquiridas.

Los fondos pueden ser estructurados como abiertos (*open-ended*) o cerrados (*closed-ended*), donde en los primeros el fondo no tiene fecha de vencimiento definida, los inversores pueden suscribir y vender participaciones en el fondo en cualquier momento, sujeto a reglas previamente establecidas, mientras que en los fondos cerrados, el fondo tiene un periodo de vida fijo, generalmente entre 7 y 12 años, después del cual, se liquidarán los activos del fondo y se distribuirán los rendimientos resultantes entre los inversionistas.

c. Estrategia de salida. Su estrategia de inversión suele ser de mediano a largo plazo, y sus estrategias de salida más comunes son la venta de la empresa a otro fondo, a un competidor o a un socio estratégico; o la oferta pública inicial de acciones en el mercado de valores.

(ii) Fondos de Capital Emprendedor. Al igual que un fondo de capital privado, buscarán identificar empresas privadas, con un alto potencial de crecimiento y rentabilidad, con la diferencia de que estas empresas suelen estar en etapas tempranas de desarrollo (*startups*) y pueden tener dificultades para obtener financiamientos a través de fuentes tradicionales como lo podría ser contratación de deuda.

a. Objetivo. Un fondo de capital emprendedor se concentrará en identificar a fundadores o equipos de dirección sólido, en un mercado objetivo que se encuentre dentro de su portafolio de inversión, y que, a pesar de no tener todavía una consolidación significativa, la empresa cuente con una propuesta de valor atractiva. La rentabilidad de un fondo de capital emprendedor se basa en apreciar el valor de las acciones de las empresas en las que invierte, para buscar un evento de liquidez en un futuro.

b. Fuentes de financiamiento. Se basan en la venta de participaciones en el fondo, mediante el aporte de capital de inversionistas que buscan montos menores de inversión, o bien, con un perfil de riesgo más elevado;

   Estos fondos también pueden ser estructurados como abiertos (*open-ended*) o cerrados, sin embargo, es común que tratándose de fondos de capital emprendedor, es comúnmente más utilizada la estrategia de fondo abierto, y en aquellos casos que se utiliza un fondo cerrado, el periodo de inversión suele ser menor y oscila entre los 7 y 10 años.

c. Estrategia de salida. Su estrategia de inversión suele ser de corto a mediano plazo. Si bien existen distintos escenarios de salida, este tipo de inversionistas comúnmente vende a un fondo de capital privado o bien, a un socio estratégico.

Como ha quedado descrito, tanto los fondos de capital emprendedor, como los fondos de capital privado, tienen interés en tener una estrategia de salida definida (aunque sea conceptualmente), desde un inicio, ya que es donde verán materializada su utilidad y el retorno que tienen esperado. En este tipo de casos, es probable que busquen implementar eventos de liquidez como lo puede ser la venta de la empresa en su totalidad o en lo que respecta a su participación (una fusión o una adquisición), realizar una oferta pública inicial, entre otras opciones similares, es aquí donde una SAPI empieza a ser relevante como vehículo para estructurar inversiones de este tipo, ya que como veremos más adelante, la SAPI otorga ventajas importantes respecto de los derechos que los accionistas de una SAPI pueden acordar entre ellos.

3. LAS SOCIEDADES ANÓNIMAS PROMOTORAS DE INVERSIÓN

Una SAPI es un tipo de sociedad mercantil que se rige por la Ley General de Sociedades Mercantiles (LGSM), con algunas modificaciones y excepciones que se establecen en la Ley del Mercado de Valores (LMV). La SAPI se creó en el año 2006, como parte de la reforma al mercado de valores, con el propósito de fomentar el capital de riesgo y la inversión en proyectos productivos, especialmente en aquellos que implican innovación, tecnología o desarrollo regional. La SAPI se inspiró en el modelo de la sociedad por acciones simplificada (SAS) de Francia, que se caracteriza por su flexibilidad y simplicidad.

La SAPI se diferencia de una sociedad anónima tradicional (SA) en que permite a los socios establecer en sus estatutos sociales diversas cláusulas y condiciones que se adaptan a las características y necesidades de cada negocio, siempre y cuando no contravengan el orden público ni las disposiciones de orden público de la LGSM y la LMV. Estas cláusulas y condiciones pueden referirse, entre otros aspectos, a la estructura y funcionamiento del órgano de administración, la distribución de los derechos y obligaciones de los accionistas, la determinación del valor de las acciones, la forma y plazo de pago del capital social, la transmisión y adquisición de las acciones, la solución de controversias y la disolución y liquidación de la sociedad. De manera enunciativa, más no limitativa, a diferencia de una SA tradicional, la SAPI puede (i) implementar restricciones de cualquier naturaleza a la transmisión de sus acciones, (ii) recomprar sus propias acciones, (iii) emitir acciones que (a) no confieran derecho de voto o que el voto se restrinja a algunos asuntos; (b) otorguen derechos sociales no económicos distintos al derecho de voto o exclusivamente el derecho de voto; y (iv) limiten o amplíen el reparto de utilidades u otros derechos económicos especiales; entre otras.

La SAPI puede adoptar dos modalidades: la SAPI de capital variable (SAPI de CV) o la SAPI de capital fijo (SAPI de C). La diferencia entre ambas modalidades radica en que la SAPI de CV puede aumentar o disminuir su capital social mediante aportaciones o retiros de los socios, sin necesidad de modificar sus estatutos sociales, mientras que la SAPI de C debe mantener su capital social constante, salvo que se modifiquen sus estatutos sociales. La SAPI de CV es la modalidad más común y la que ofrece mayor flexibilidad a los inversionistas.

4. VENTAJAS DE LA SAPI PARA LOS FONDOS DE CAPITAL PRIVADO

Los fondos de inversión con frecuencia no asumen una posición mayoritaria en el capital social de una empresa. En consecuencia, es importante que las sociedades en las que invierten cuenten con un régimen de protección a minorías efectivo. Asimismo, los acuerdos que celebren con accionistas existentes y que se prevean para accionistas futuros pueden ser complejos y requerir flexibilidad en el régimen de derechos corporativos y económicos para asegurar su efectividad.

En este sentido, la SAPI, según regulada en la LMV, pretende crear un régimen con este tipo de protección a minorías y flexibilidad en los pactos de accionistas.

Con el objeto de identificar las ventajas de la SAPI, a continuación analizamos algunas disposiciones relevantes sobre la Sociedad Anónima para identificar aquellas diferencias con el régimen de la SAPI en los aspectos que consideremos de interés para los fondos de capital privado, con base en la LGSM y la LMV.

4.1. La Sociedad Anónima

La Sociedad Anónima es la que existe bajo una denominación y se compone exclusivamente de socios cuya obligación se limita al pago de sus acciones.

4.1.1. Estatutos Sociales

Además de las disposiciones generales aplicables a los estatutos de una sociedad, en los de la Sociedad Anónima se pueden incluir los siguientes acuerdos respecto de los accionistas:

1. pueden no conferir derecho de voto o que el voto se restrinja a algunos asuntos.
2. se pueden otorgar derechos sociales no económicos distintos al derecho de voto o exclusivamente el derecho de voto;
3. se puede conferir el derecho de veto o requerir del voto favorable de uno o más accionistas, respecto de las resoluciones de la asamblea general de accionistas;
4. prever la implementación de mecanismos a seguir en caso de que los accionistas no lleguen a acuerdos respecto de asuntos específicos, o,

5. ampliar, limitar o negar el derecho de suscripción preferente a que se refiere el artículo 132 de la LGSM.

4.1.2. Acciones representativas del capital social

Las acciones en que se divide el capital social de una Sociedad Anónima están representadas por títulos de crédito nominativos que sirven para acreditar y transmitir la calidad y los derechos de accionistas.

Las acciones son de igual valor y conferirán iguales derechos. Sin embargo, en el contrato social podrá estipularse que el capital se divida en varias clases de acciones con derechos especiales para cada clase; siempre y cuando no se excluya a uno o más accionista de la participación en las utilidades de la Sociedad Anónima.

Cada acción sólo tendrá derecho a un voto; pero en el contrato social podrá pactarse que una parte de las acciones tenga derecho de voto solamente en las Asambleas Extraordinarias que se reúnan para tratar, (i) la prórroga de la duración de la sociedad; (ii) la disolución anticipada de la sociedad; (iii) el cambio de objeto social; (iv) el cambio de nacionalidad de la sociedad; (v) la transformación de la sociedad, o (vi) la fusión con otra sociedad.

No podrán asignarse dividendos a las acciones ordinarias sin que antes se pague a las de voto limitando un dividendo de cinco por ciento. Al hacerse la liquidación de la sociedad, las acciones de voto limitado se reembolsarán antes que las ordinarias. En el contrato social podrá pactarse que a las acciones de voto limitado se les fije un dividendo superior al de las acciones ordinarias.

En el contrato social podrá pactarse que la transmisión de las acciones sólo se haga con la autorización del consejo de administración. El consejo podrá negar la autorización designando un comprador de las acciones al precio corriente en el mercado.

Los accionistas tendrán derecho preferente, en proporción al número de sus acciones, para suscribir las que emitan en caso de aumento del capital social.

Por otro lado, se prohíbe a las sociedades anónimas adquirir sus propias acciones, salvo por adjudicación judicial, en pago de créditos de la sociedad.

4.1.3. Administración de la Sociedad Anónima

La administración de la sociedad anónima estará a cargo de uno o varios mandatarios temporales y revocables, quienes pueden ser socios o personas extrañas a la sociedad.

Cuando los administradores sean tres o más, el contrato social determinará los derechos que correspondan a la minoría en la designación, pero en todo caso la minoría que represente un 25% del capital social nombrará cuando menos un consejero.

Los accionistas que representen el 25% por ciento del capital social, por lo menos, podrán ejercitar directamente la acción de responsabilidad civil contra los administradores, siempre que se satisfagan los requisitos siguientes:

(i) que la demanda comprenda el monto total de las responsabilidades en favor de la sociedad y no únicamente el interés personal de los promoventes, y

(ii) que, en su caso, los actores no hayan aprobado la resolución tomada por la Asamblea General de Accionistas sobre no haber lugar a proceder contra los Administradores demandados.

4.1.4. Vigilancia

La vigilancia de la sociedad anónima estará a cargo de uno o varios Comisarios, temporales y revocables, quienes pueden ser socios o personas extrañas a la sociedad.

4.1.5. Asambleas de Accionistas

Los accionistas que representen por lo menos el 33% del capital social, podrán pedir por escrito, en cualquier tiempo, al Administrador o Consejo de Administración o a los Comisarios, la Convocatoria de una Asamblea General de Accionistas, para tratar de los asuntos que indiquen en su petición.

Los accionistas que representen el 25% del capital social podrán oponerse judicialmente a las resoluciones de las Asambleas Generales, siempre que se satisfagan los requisitos previstos en la LGSM.

4.1.6. Información Financiera

La LGSM establece que 15 días después de la fecha en que la asamblea general de accionistas haya aprobado el informe anual a que se refiere el artículo 172 de la LGSM, los accionistas podrán solicitar que se publiquen en el sistema electrónico establecido por la Secretaría de Economía los estados financieros, junto con sus notas y el dictamen de los comisarios.

4.2. La SAPI

Como lo hemos mencionado anteriormente, la SAPI es una modalidad de la Sociedad Anónima, por lo que se rige por las disposiciones de la LGSM salvo por lo previsto en la LMV.

4.2.1. Estatutos Sociales

Las SAPI, además de contemplar en sus estatutos sociales los requisitos que se señalan en la LGSM, podrán prever las siguientes estipulaciones relacionadas en la LMV:

1. imponer restricciones, de cualquier naturaleza, a la transmisión de propiedad o derechos, respecto de las acciones de una misma serie o clase representativas del capital social;
2. establecer causales de exclusión de accionistas o para ejercer derechos de separación, de retiro, o bien, para amortizar acciones adicionales a las previstas en la LGSM;
3. implementen mecanismos a seguir en caso de que los accionistas no lleguen a acuerdos respecto de asuntos específicos, y/o,
4. amplíen, limiten o nieguen el derecho de suscripción preferente a que se refiere la LGSM.

Por otro lado, las SAPIs pueden adquirir las acciones representativas de su capital social sin que sea aplicable la prohibición establecida en el primer párrafo del artículo 134 de la LGSM. La adquisición de las acciones de que se trata puede hacerse con cargo a su capital contable, en cuyo supuesto podrán mantenerlas sin necesidad de realizar una reducción de capital social, o bien, con cargo al capital social siempre que se resuelva cancelarlas o convertirlas en acciones emitidas no suscritas que conserven en tesorería.

4.2.2. Acciones representativas del capital social

En la LMV se establece que los estatutos sociales de la SAPI pueden incluir disposiciones que permitan la emisión de acciones que:

1. no confieran derecho de voto o que el voto se restrinja a algunos asuntos, sin limitación de la materia;
2. otorguen derechos sociales no económicos distintos al derecho de voto o exclusivamente el derecho de voto;
3. limiten o amplíen el reparto de utilidades u otros derechos económicos especiales,
4. confieran el derecho de veto o requieran del voto favorable de uno o más accionistas respecto de las resoluciones de la asamblea general de accionistas, y/o,

4.2.3. Administración de la SAPI

La administración de las SAPIs estará encomendada a un consejo de administración.

Los accionistas pueden designar y revocar en asamblea general de accionistas a un miembro del consejo de administración por cada 10% que tengan en lo individual o en conjunto de las acciones con derecho a voto, incluso limitado o restringido.

Los accionistas pueden ejercer la acción de responsabilidad civil contra los administradores en beneficio de la sociedad, en términos de lo previsto en el artículo 163 de la LGSM, sin necesidad de resolución de asamblea general de accionistas, cuando en lo individual o en conjunto tengan el 15% quince por ciento o más de las acciones con derecho a voto, incluso limitado o restringido o sin derecho a voto.

4.2.4. Vigilancia

Lo accionistas pueden nombrar a un comisario por cada 10% que tengan en lo individual o en conjunto de las acciones con derecho a voto, incluso limitado o restringido.

4.2.5. Asamblea de Accionistas

Los accionistas que tengan el 10% del capital social de la SAPI pueden solicitar al presidente del consejo de administración o, en su caso, a cualquiera de los comisarios que se convoque en cualquier momento a una asamblea general de accionistas.

Los accionistas pueden oponerse judicialmente, conforme a lo previsto en el artículo 201 de la LGSM, a las resoluciones de las asambleas generales, siempre que gocen del derecho de voto en el asunto que corresponda, cuando tengan en lo individual o en conjunto el 20% del capital social de la sociedad,

4.2.6. Información Financiera

Las sociedades anónimas promotoras de inversión estarán exceptuadas del requisito de publicar sus estados financieros, conforme lo establece el artículo 177 de la Ley General de Sociedades Mercantiles.

4.3. Ventajas de la SAPI para los fondos de capital privado

Como se puede apreciar en los párrafos anteriores, hay coincidencias entre el régimen de la Sociedad Anónima y el de la SAPI, incluso por lo que se refiere a las disposiciones específicas en la LMV aplicables a la SAPI, toda vez que, al no estar prohibidas en la LGSM, muchas de esas disposiciones pueden replicarse la Sociedad Anónima.

Dicho lo anterior, las disposiciones principales de la SAPI que flexibilizan las generales de la Sociedad Anónima, o que pretenden proteger a minorías en un capital social más fragmentado son las siguientes:

4.3.1. Mayor flexibilidad sobre la distribución de dividendos o utilidades

A diferencia de la Sociedad Anónima, en la que no se puede excluir a uno o más accionista de la participación en las utilidades, en la SAPI se pueden emitir series de acciones en las que se limite o amplíe el reparto de utilidades u otros derechos económicos especiales.

4.3.2. Adquisición de acciones propias

A diferencia de la Sociedad Anónima, la SAPI sí está autorizada para adquirir las acciones representativas de su capital social, lo cual facilita el ejercicio de derechos de opción de venta que acuerden los accionistas entre ellos y con la SAPI.

4.3.3. Porcentajes menores para el ejercicio de derechos de minorías

En la Sociedad Anónima de requiere una minoría de los accionistas que represente un 25% del capital social para, nombrar un consejero en el consejo de administración; o ejercer una acción de responsabilidad civil en contra de los administradores; u oponerse judicialmente a las resoluciones de la asamblea general de accionistas. Para el caso de solicitar que se convoque a una asamblea general de accionistas, se requiere una representación del 33%.

Para el caso de la SAPI estos porcentajes se reducen, a 10% para nombrar un consejero o comisario, 15% para ejercer una acción de responsabilidad civil contra administradores y de 20% para oponerse judicialmente a las resoluciones de la asamblea general de accionistas. La solicitud de convocatoria a una asamblea general de accionistas también requiere a los accionistas que representen el 10% del capital social de la SAPI.

4.3.4. Representatividad en el Consejo de Administración

En la Sociedad Anónima está permitida la administración por un accionista o por un tercero a la sociedad. Asimismo, puede tener un administrador único o puede administrarla un consejo de administración.

Por lo que se refiere a la SAPI, debe administrarla un consejo de administración; con esto se facilita la representación de los diferentes accionistas o grupos de accionistas en la administración de la sociedad.

5. DESAFÍOS, RETOS Y OPORTUNIDADES PARA EL DESARROLLO DE LAS SAPIS EN MÉXICO

Como toda inversión, los fondos de capital privado y capital emprendedor, enfrentarán diversos riesgos y retos que deberán superar para poder maximizar su inversión y obtener un rendimiento, muchos de estos retos, podrán ser operativos, comerciales, de infraestructura, entorno político, legales y trámites administrativos, entre otros. En esta sección haremos una breve reflexión sobre los desafíos, retos y oportunidades para el desarrollo de las SAPIs en México en el sector de fondos de inversión privado.

5.1. Seguridad jurídica

La certeza jurídica es fundamental para el buen funcionamiento de cualquier país, así como para garantizar (sujeto a riesgos comerciales), una utilidad esperada para los inversionistas.

En México, existe un marco legal sólido, que protege a los inversionistas, imponiendo estándares y deberes que los administradores deben de mantener en el desempeño de sus funciones, así como para garantizar, en caso de una administración fraudulenta, las habilidades de los inversionistas (en su calidad de socios o accionistas de una sociedad mexicana) de cambiar a los administradores o representantes de una compañía, o bien, exigirles una rendición de cuentas respecto de sus gestiones.

Tratándose de inversión extranjera, México tiene celebrados diversos tratados internacionales para promover y proteger la inversión extranjera, tales como el Tratado Comercial entre México, Estados Unidos y Canadá (T-MEC), el Tratado Integral y Progresista de Asociación Transpacífico (Acuerdo Trans-Pacífico), Tratado de Libre Comercio entre México y la Unión Europea, y diversos tratados bilaterales como el Acuerdo para la Promoción y Protección Recíproca de Inversiones entre México y España, o el Acuerdo entre México y Portugal para la Promoción y Protección Recíproca de las Inversiones, los cuales entre otros, prevén disposiciones para admitir las inversiones extranjeras de dichos países, promover los flujos de inversión, y dar un trato no menos favorable que el otorgado a sus propios inversiones, así como para establecer reglas para la nacionalización y/o expropiación de inversiones de extranjeros en México.

5.2. Régimen de Minorías

Como lo planteamos antes en este artículo, los fondos de capital privado con frecuencia adquieren posiciones minoritarias en empresas mexicanas, toda vez que comúnmente su cometido no es operar, sino beneficiarse de la utilidad que genere el negocio.

Dicho lo anterior, el régimen de la SAPI, si bien pretende ser más flexible y reconocer derechos de minorías con porcentajes de representación inferiores a los requeridos para la Sociedad Anónima, lo cierto es que siguen sin representación los accionistas que representen entre el 5% y menos del 10%, que puede ser un porcentaje relevante en un capital social fragmentado e integrado por inversionistas con diferentes intereses.

Si bien estos porcentajes pueden modificarse en los estatutos sociales, puede darse el caso de que el inversionista no esté en una posición suficientemente fuerte para que los demás accionistas accedan a estas variaciones, y en tanto la ley no supla esa voluntad, tales grupos quedarán en una situación de desventaja.

5.3. Publicidad

La SAPI está concebida como un vehículo para fomentar la inversión de proyectos por varios y diferentes inversionistas; no obstante, ni la LGSM ni la LMV prevén obligaciones de publicidad que le permita a los inversionistas que están interesados en el retorno y no en la gestión, de acceder a la información financiera y corporativa periódica de la SAPI. Si bien es cierto que tienen acceso a los estados financieros y a los libros a través del consejo de administración, en caso de un conflicto con los accionistas fundadores u otros grupos de control, este acceso puede hacerse complicado.

Esto es, en tanto las sociedades, sean Sociedades Anónimas o con la modalidad de SAPI, no estén obligadas a publicar sus estados financieros, y a divulgar su estructura accionaria a través de un registro público, el inversionista no tendrá el acceso igualitario a la información que tienen los accionistas fundadores o el consejo de administración, y quedan a merced de éstos, lo cual en ciertos casos puede dar lugar a conflictos entre los accionistas y/o con el consejo, y a la imposibilidad de ejercicio de derechos por el accionista minoritario.[2]

5.4. No hay diferente trato con la Sociedad Anónima

Salvo las disposiciones en la LMV, el marco jurídico mercantil no le da ventajas ni incentivos a la inversión a través de la SAPI. Los beneficios existen entre las partes en la medida que la flexibilidad de la figura de la SAPI se conveniente para reflejar los acuerdos entre accionistas. No obstante, el invertir a través de una SAPI no da acceso a un trato preferente fiscal para fomentar la inversión, no a más publicidad o a un ejercicio más eficiente de derechos, excepto por los porcentajes inferiores para el ejercicio de ciertos derechos como accionista mencionados anteriormente.

No obstante lo anterior y si bien hay oportunidades de mejora en el régimen de la SAPI, sí es cierto que la SAPI permite que se adopten acuerdos más agresivos entre accionistas, toda vez que su régimen es más flexible. También, la posibilidad de que la SAPI adquiera las acciones que representan su capital social puede facilitar el ejercicio de derechos de salida, y opciones de compra y venta entre las partes.

Más aún, su adopción requiere una gestión más ordenada de la sociedad. En particular esto está facilitado por el hecho de que tiene que gestionarla un Consejo de Administración en el que, conforme a la ley, los accionistas que representen el 10% del capital social pueden nombrar un consejero, con lo que en principio, debe de tener contrapesos y fomentar incentivos para establecer gobiernos corporativos sofisticados.

---

2 El artículo 129 de la LGSM sí requiere que se publique un aviso en el sistema electrónico de la Secretaría de Economía de la inscripción de transmisión de acciones de la sociedad anónima en el Libro de Registro de Acciones. No obstante, en el mismo artículo se establece que la Secretaría de Economía se asegurará que la información del los accionistas contenida en el aviso se mantenga confidencial, excepto en caso de que la información la solicite una autoridad judicial o administrativa cuando sea necesaria para ejercicio de sus atribuciones, por lo que estos avisos no son públicos.

5.5. Particularidades a considerar para fondos de inversión extranjeros en México

En términos de la Ley de Inversión Extranjera, por regla general y salvo los casos que mencionaremos más adelante, los inversionistas extranjeros pueden participar en cualquier proporción en el capital social de sociedades mexicanas, adquirir activos fijos, ingresas a nuevos campos de actividad económica o fabricar líneas de productos, abrir y operar establecimientos, y ampliar o relocalizar los ya existentes.

En relación a lo anterior, existen (i) actividades reservadas al Estado mexicano, (ii) actividades reservadas a mexicanos, o a sociedades mexicanas con cláusula de exclusión de extranjeros, (iii) actividades donde la inversión extranjera puede participar con límites de participación, y (iv.) actividades donde se requiere de la resolución favorable de la Comisión Nacional de Inversión Extranjera para que un inversionista extranjero participe de manera directo o indirecto en un porcentaje superior al 49%. Al respecto, enlistamos a continuación las siguientes:

(a) actividades reservadas al Estado mexicano, tales como la exploración y extracción de petróleo e hidrocarburos, planeación y control del sistema eléctrico nacional, generación de energía nuclear, minerales radioactivos, telégrafos, radiotelegrafía, correos, emisión de billetes y acuñación de moneda, control de supervisión y vigilancia de puertos, aeropuertos y helipuertos, entre otros;

(b) actividades reservadas a mexicanos, o a sociedades mexicanas con cláusula de exclusión de extranjeros, tales como transporte terrestre nacional de pasajeros, turismo y carga (sin incluir servicios de mensajería y paquetería), instituciones de banca de desarrollo, y la prestación de ciertos servicios profesionales y técnicos que señalan diversas leyes en materias especiales;

(c) actividades donde la inversión extranjera puede participar con límites de participación, tales como:

   a. hasta el 10% en sociedades cooperativas de producción;

   b. hasta el 49% en fabricación y comercialización de explosivos, armas de fuego y actividades similares, incluyendo industriales y extractivas; impresión y publicación de periódicos para circulación exclusiva en territorio nacional; acciones serie "T" de sociedades que tengan tierras agrícolas, ganaderas y forestales; pesca en agua dulce, costera y en la zona económica; administración portuaria integral; servicios portuarios de pilotaje a las embarcaciones para realizar operaciones de navegación en el interior; sociedades navieras (en ciertos casos); suministro de combustible y lubricante para embarcaciones, aeronaves y equipo ferroviario; radiodifusión; y servicio de transporte aéreo (en ciertos casos y sujeto a modalidades);

(d) actividades donde se requiere de la resolución favorable de la Comisión Nacional de Inversión Extranjera para que un inversionista extranjero participe de manera directo o indirecto en un porcentaje superior al 49%, tales como servicios portuarios a embarcaciones, sociedades navieras dedicadas a la explotación de embarcaciones en tráfico de altura; sociedades concesionarias de aeródromos de servicio público; servicios privados de educación (en ciertos rubros), servicios legales; construcción, operación y explotación de vías férreas.

En este último caso, las sociedades en donde participe la inversión extranjera, y que pretenda participar en más de un 49% en el capital social de dicha sociedad, deberán de presentar, previo a superar dicha participación, una solicitud ante la Comisión Nacional de Inversión Extranjera, en donde, entre otras, evaluará (i) el impacto sobre el empleo y la capacitación de los trabajadores, (ii) la contribución tecnológica, (iii) el cumplimiento a las disposiciones en materia ambiental, y (iv) la aportación para incrementar la competitividad de la planta productiva del país, que dicha inversión extranjera tendría como consecuencia en caso de que sea aprobada.

6. CONCLUSIONES

El objetivo de nuestro estudio, era profundizar en fondos de inversión como lo son los fondos de capital privado o de capital emprendedor, a fin de entender sus necesidades objetivas, e identificar porque, la SAPI, otorga diversas ventajas legales como vehículo legal en México para implementar las inversiones de capital que este tipo de fondos realiza.

Para estos efectos, se señaló que, uno de los elementos que priorizan los fondos de inversión, es tener estrategias de salida que puedan ser conceptualmente definidas desde el inicio, para estos efectos, se identificó que la SAPI podía otorgar diversas alternativas a través de un convenio entre accionistas donde se podrían fijar las bases para buscar un evento de liquidez como lo sería la posible venta de la empresa en su totalidad o en lo que respecta a la participación del fondo de inversión, realizar una oferta pública inicial, u otras opciones similares.

Como quedó descrito, una de las principales diferencias de la SAPI con una SA tradicional, es que la SAPI permite a los socios establecer en sus estatutos sociales diversas cláusulas y condiciones que se adaptan a las características y necesidades de cada negocio, siempre y cuando no contravengan el orden público ni las disposiciones de orden público de la LGSM y la LMV, algunas de las cláusulas que puede implementar la SAPI y que no están disponibles para la SA en términos de la LGSM, sería que la SAPI puede (i) implementar restricciones de cualquier naturaleza a la transmisión de sus acciones, (ii) recomprar sus propias acciones, (iii) emitir acciones que (a) no confieran derecho de voto o que el voto se restrinja a algunos asuntos; (b) otorguen derechos sociales no económicos distintos al derecho de voto o exclusivamente el derecho de voto; y (iv) limiten o amplíen el reparto de utilidades u otros derechos económicos especiales; entre otras.

Específicamente, nos parece que las principales ventajas de la SAPI para un fondo de inversión serían:

(i) Mayor flexibilidad sobre la distribución de dividendos o utilidades: en la SAPI se pueden emitir series de acciones en las que se limite o amplíe el reparto de utilidades u otros derechos económicos especiales.

(ii) Adquisición de acciones propias: la SAPI sí está autorizada para adquirir las acciones representativas de su propio capital social, lo cual facilita el ejercicio de derechos de opción de venta que acuerden los accionistas entre ellos y con la SAPI.

(iii) Porcentajes menores para el ejercicio de derechos de minorías: en la SAPI, únicamente se requiere un 10% del capital social para nombrar un consejero o comisario, 15% para ejercer una acción de responsabilidad civil contra administradores y de 20% para oponerse judicialmente a las resoluciones de la asamblea general de accionistas. La solicitud de convocatoria a una asamblea general de accionistas también requiere a los accionistas que representen el 10% del capital social de la SAPI.

(iv) Representatividad en el Consejo de Administración: no prevé la figura de un administrador único, por lo que debe administrarla un consejo de administración; con esto se facilita la representación de los diferentes accionistas o grupos de accionistas en la administración de la sociedad.

Es importante señalar, que los fondos de capital privado y de capital emprendedor extranjeros, que pretendan llevar inversiones en México, deben de considerar que existen (i) actividades reservadas al Estado mexicano, (ii) actividades reservadas a mexicanos, o a sociedades mexicanas con cláusula de exclusión de extranjeros, (iii) actividades donde la inversión extranjera puede participar con límites de participación, y (iv) actividades donde se requiere de la resolución favorable de la Comisión Nacional de Inversión Extranjera para que un inversionista extranjero participe de manera directo o indirecto en un porcentaje superior al 49%.

Tratándose de éste último caso, es decir, de aquellas actividades donde se requiere de la resolución favorable de la Comisión Nacional de Inversión Extranjera para que participen en un porcentaje superior al 49%, la Comisión Nacional de Inversión Extranjera, en donde, entre otras, evaluará (i) el impacto sobre el empleo y la capacitación de los trabajadores, (ii) la contribución tecnológica, (iii) el cumplimiento a las disposiciones en materia ambiental, y (iv) la aportación para incrementar la competitividad de la planta productiva del país, que dicha inversión extranjera tendría como consecuencia en caso de que sea aprobada.

Los retos del Abogado de Empresa ante las nuevas tecnologías

JAIR CORONA ALONSO[1]

"The human spirit must prevail over technology".
Albert Einstein.

1. INTRODUCCIÓN

Desde el lanzamiento de la UBIQ por LexisNexis, una terminal que permitía a los abogados buscar jurisprudencia en línea, en el año de 1979 y hasta nuestros días, el uso de la tecnología para la prestación de servicios jurídicos ha evolucionado de forma tan inimaginable como vertiginosa.

Mucho se ha avanzado en el desarrollo de diversas soluciones legales con el apoyo de la tecnología (*Legal Tech*) y, ya sea mediante la recopilación de jurisprudencia, análisis comparativo de normas jurídicas o de actualización de leyes en tiempo real, las herramientas con las que cuenta el gremio jurídico y, en específico, los abogados de empresa, son cada vez mayores, una dicotomía que, si bien apodera al abogado y facilita su labor cotidiana, también representa el reto —no menor— de mantenerse constantemente actualizado sobre las soluciones tecnológicas y avances que surgen día con día, así como de su responsabilidad ante las mismas.

Así, el objetivo del presente ensayo es brindar un panorama general de los principales retos a los que se enfrenta el abogado de empresa ante las nuevas tecnologías, analizar las principales características de dichos avances tecnológicos y, en la medida de lo po-

---

1 El autor el licenciado en Derecho; cuenta con especialidades en Derecho Constitucional, Derecho Autoral y en Derecho Corporativo, así como con maestrías en Derecho Corporativo, Derecho Internacional Corporativo y en Derecho del Arte.

sible, esbozar algunos consejos prácticos que nos permitan incorporar estas nuevas tecnologías como parte fundamental de nuestro quehacer diario.

En términos generales, podemos conceptualizar a las nuevas tecnologías como el conjunto de avances, innovaciones y mejoras en materia tecnológica y que, mediante procesos de digitalización, instantaneidad y automatización, entre otros, buscan simplificar y mejorar una amplia gama procesos cotidianos de las personas a nivel individual y de la sociedad en su conjunto.

Así, el Derecho de las Nuevas Tecnologías, como una rama del Derecho emergente y en constante desarrollo, tiene como centro de interés el análisis de dichas tecnologías y su huella en las ciencias jurídicas, con la finalidad de incorporar dichos procesos en la labor de los abogados y de quienes, directa o indirectamente, tienen influencia en el mundo jurídico.

Dentro de las Nuevas Tecnologías podemos encontrar innovaciones tecnológicas que van desde el uso de programas de cómputo para creación, análisis y administración del ciclo de vida de los contratos, hasta el uso de servicios de arbitrajes descentralizados para la resolución de conflictos legales, pasando por la defensa de los llamados *Neuro derechos* o de la contratación y el comercio electrónico; el amplio crisol de nuevos desarrollos que surgen cada día y su fuerte vinculación con el Derecho invitan a realizar una seria reflexión sobre el papel que los abogados de empresa tienen y tendrán como parte de esta ola tecnológica.

Por la amplitud de nuevos desarrollos tecnológicos, en el presente ensayo se abordarán de forma sucinta aquellos que tienen un mayor impacto en la labor del abogado de empresa y la manera en que su uso puede representar un valor agregado.

2. INTELIGENCIA ARTIFICIAL

Si bien los antecedentes históricos de la IA se remontan al ya lejano año de 1943, con la presentación del primer modelo matemático para la creación de una red neuronal por parte de los científicos Warren McCullough y Walter Pitts,[2] pasando por la creación de *Snarc*, el primer ordenador de red neuronal, en 1950, o la globalmente conocida Prueba de Turing, presentada ese mismo año por el precursor de la informática moderna,[3] se considera a la conferencia "*Dartmouth Summer Research Project on Artificial Intelligence*" de 1956,[4] organizada por John McCarthy y Marvin Minsky como el evento fundacional de la inteligencia artificial, pues en la misma se cimentaron los objetivos y la visión de la IA.

Desde aquel evento, hace más de seis décadas, y hasta nuestros días, la IA ha tenido un desarrollo que, si bien no ha estado exento de algunos reveses, como los denominados primero y segundo inviernos (caracterizados por una falta de interés e inversión en tecnología), no deja de evolucionar minuto a minuto, transformando la visión que se tiene de ella.

De entre el cúmulo de distintas acepciones existentes, la Organización para la Cooperación y el Desarrollo Económicos (OCDE) ha desarrollado una intensa labor investigativa y de actualización en materia de IA y cuyo resultado nos brinda la definición más actualizada de esta disciplina:

> "Un sistema de IA es un sistema basado en máquinas que, con objetivos explícitos o implícitos, infiere, a partir de la entrada que recibe, cómo generar productos como predicciones, contenidos, recomendaciones o decisiones que pueden influir en entornos físicos o virtuales".[5]

Por su grado de desarrollo, la IA es comúnmente clasificada en tres tipos: (i) débil o limitada, la cual lleva a cabo tareas con un nivel de rendimiento similar al humano (por ejemplo, los asistentes virtuales o el reconocimiento facial); (ii) intermedia o general que, además de realizar exitosamente actividades humanas que involucran

---

2 W. MCCULLOUGH, W. PITTS, *A Logical Calculus of Ideas Immanent in Nervous Activity*, University of Illinois, EE.UU., 1943.

3 A. M. TURING, *Computing Machinery and Intelligence*, Reino Unido, 1950.

4 R. ANYOHA, *The History of Artificial Intelligence*, 2017, disponible en: https://sitn.hms.harvard.edu/flash/2017/history-artificial-intelligence/

5 S. RUSSELL, K. PERSET, M. GROBELNIK, *Updates to the OECD's definition of an AI system explained*, OECD, 2023, disponible en: https://oecd.ai/en/wonk/ai-system-definition-update

una labor intelectual, tiene capacidad de aprendizaje y detección de patrones nuevos, o, en palabras de Open AI, "sistemas altamente autónomos que superan a los humanos en la mayor parte de tareas con valor económico";[6] y, finalmente (iii) fuerte o Superinteligencia Artificial (SIA), que son programas (actualmente hipotéticos) con plena autoconsciencia y que comprenden el comportamiento humano al nivel más profundo. Desde la perspectiva de IBM, la SIA tendría habilidades de pensamiento más avanzadas que las de cualquier ser humano.

Existe una amplia variedad de tecnologías que se desarrollan como parte de la IA, entre las que se destacan el desarrollo de sistemas de reconocimiento de voz, análisis masivo de datos y de aprendizaje automatizado, computación cognitiva e IA generativa, principalmente.

Para el abogado de empresa, es indispensable conocer las bases de la IA (es decir, qué es, los grados de complejidad que la integran y las principales tecnologías que se desarrollan mediante su uso) como punto de partida para saber cuáles son y serán algunos de los retos que tiene enfrente. Al respecto, uno de los documentos más relevantes con que contamos actualmente son los "Principios de la OCDE sobre la Inteligencia Artificial"[7] que han sido suscrito por los treinta y seis países miembros y que fueron redactados por un grupo de expertos procedentes de diversas instituciones (académicas, científicas y tecnológicas), gobiernos, sectores empresariales y la sociedad civil en general. En términos generales, estos principios se basan en cinco deberes de los sistemas de IA:

1. Deber de servicio en favor de las personas y el planeta.
2. Deber de respeto hacia el Estado de derecho y los DD. HH., así como los valores democráticos.
3. Deber de transparencia y divulgación responsable.
4. Deber de fiabilidad en su funcionamiento.

---

6 OpenAI Charter, *Principles to execute on OpenAI's mission*, 2018, disponible en: https://openai.com/charter

7 OECD, *Recommendation of the Council on Artificial Intelligence*, 2019, disponible en: https://legalinstruments.oecd.org/en/instruments/OECD-LEGAL-0449

5. Deber de responsabilidad por parte de las organizaciones y personas que desarrollen, desplieguen o gestionen dichos sistemas.

Aunado a lo anterior, la OCDE emitió una serie de recomendaciones dirigidas en particular a los gobiernos y que son:

- Facilitar la inversión (pública y privada) para la investigación y desarrollo de sistemas de IA fiables.
- Fomentar la accesibilidad a dichos sistemas, así como la creación de mecanismos para el intercambio de datos y conocimientos.
- Desarrollar políticas que faciliten el despliegue de sistemas de IA fiables.
- Capacitar a las personas y trabajadores para una inclusión armónica en este tipo de tecnologías.
- Cooperar en el desarrollo de estándares y administración responsable de la IA.

Como puede verse, el gremio jurídico tiene un papel de primera línea en la colaboración y diseño de políticas que permitan velar por el respeto de los principios en materia de IA, así como de seguimiento de las recomendaciones, en ambos casos aplicables tanto a nivel privado en las empresas, como público en el gobierno y organizaciones especializadas.

3. APRENDIZAJE AUTOMÁTICO Y PROFUNDO

Considerados como el núcleo de los sistemas de IA, estas dos tecnologías han tenido un desarrollo propio y cuyas características particulares ameritan un análisis aparte.

- Aprendizaje automático (*Machine Learning*). Siendo uno de los principales componentes de la IA, a través del desarrollo de algoritmos y modelos estadísticos, esta tecnología realiza un autoaprendizaje y corrección de errores con base a su experiencia previamente adquirida (por ejemplo, los motores de búsqueda).
- Aprendizaje profundo (*Deep learning*). Se trata de una tecnología que va un paso adelante del aprendizaje automático que,

además de contar con las habilidades propias de aquella, tiene la capacidad de tomar decisiones a partir de los datos con que se alimenta; este tipo de tecnologías es particularmente utilizado para el desarrollo de análisis predictivos y en sistemas de reconocimiento (de voz y facial).

A pesar de las diferencias entre ambas, dichas tecnologías tienen en común que su uso tiene aparejada una serie de obligaciones legales que deben considerarse de alta importancia. En primer lugar, su implementación debe estar acompañada de una sólida política en materia de protección de datos personales y de ciberseguridad, por ejemplo, dentro del Marco Europeo de Competencias en Ciberseguridad, se contempla de figura del Oficial de Cumplimiento especializado en *Ciberlegislación* y Políticas, el cual se encarga de gestionar el cumplimiento de normas en materia de ciberseguridad y gobernanza de datos.[8]

Para el abogado de empresa, el reto que representa tener bajo su responsabilidad aspectos relativos con la ciberseguridad de la organización lo obliga a desarrollar habilidades enfocadas en la comprensión de la estrategia empresarial, para tener un control preciso de los requisitos legales y reglamentarios que debe observar; además, le será necesario llevar a cabo procesos organizativos que cumplan con los principios básicos de protección de datos y privacidad, deberá supervisar y revisar las evaluaciones de impacto sobre la privacidad de los datos mediante el uso de metodologías aplicables, así como difundir en la organización la importancia de la protección de los datos y privacidad.

4. GESTIÓN DEL CICLO DE VIDA DE LOS CONTRATOS

Una de las principales funciones del abogado de empresa radica en la redacción, negociación, modificación y terminación de contratos y convenios comerciales en general, así como de otros documentos legales, como adendas o anexos. Como parte de dicha labor, el abogado debe tener un control preciso de la información más rele-

---

8 ENISA, *Cyber Legal, Policy Compliance Officer*, en *European Cibersecurity Skills Framework*, 2022.

vante de cada uno de los documentos legales sometidos a su análisis; datos como el nombre de la contraparte, el monto y vigencia del contrato, así como de las penalizaciones en caso de incumplimiento o retraso, por mencionar los aspectos más básicos. Lo anterior se vuelve más complejo dependiendo de la naturaleza de cada acuerdo; en algunos casos se trata de servicios que involucran la emisión periódica de entregables o de hitos a cumplir con fechas límites, algunos otros requieren de un listado de bienes y materiales y las características de cada uno, contratación de seguros y montos de las primas, o el uso de INCOTERMS en la compraventa internacional de mercancías; en resumen, cada acuerdo comercial contiene un mundo de información y datos por sí mismo, los cuales requieren atención y tratamientos especiales para asegurar su cumplimiento.

En este punto, la gestión del ciclo de vida de los contratos (*Contract Lifecycle Management,* CLM) constituye una valiosa herramienta tecnológica que permite administrar todos los datos e información general de documentos legales de la organización mediante una base de datos o repositorio que centraliza y almacena dicha información. Este tipo de programas tienen la capacidad de identificar todas las etapas de un contrato, desde el inicio de negociaciones (y firma de contratos preliminares, por ejemplo) hasta la firma del documento, su ejecución y vigilancia del cumplimiento de las obligaciones contractuales.

Además, los CLM tienen la capacidad de instrumentar flujos de validación internos, en los cuales las diversas áreas de una organización involucradas en la negociación de un acuerdo comercial están capacitadas para validar aquellos aspectos propios de su área o bajo su responsabilidad; esto significa que, en contratos de alta complejidad, cada área de la empresa tiene visibilidad de todo el ciclo de vida del contrato y del rol que tiene como parte de este.

Otra ventaja de la implementación del CLM es la automatización de documentos legales estándares los cuales, por su baja complejidad, se pueden negociar partiendo de un modelo de contrato para determinados servicios o productos y que, como parte del CLM, reduce sustancialmente la inversión de tiempo y dinero para su celebración.

Finalmente, el CLM permite dar seguimiento a los contratos una vez que estos ya han sido firmados y se encuentran en etapa de ejecución, mediante reportes y análisis sobre el nivel de cumplimiento (incluyendo la implementación de correcciones o mejoras que, a través de una adenda o anexo, documento que se vincula al contrato principal e ingresa el CLM con su propia información) y hasta su terminación o eventual renovación.

Por todo lo anterior, este tipo de avances tecnológicos permiten tener una visión panorámica de la gestión de los documentos legales de la organización, minimizando los riesgos y generando una mayor eficiencia en los procesos legales.

5. NEURODERECHOS

Dentro del gran cúmulo de avances tecnológicos, un aspecto de vital importancia para los abogados de empresa es la protección de la privacidad, manejo de datos personales (en particular, los sensibles), así como toda aquella información cuyo manejo puede llegar a vulnerar los derechos humanos de todas aquellas personas que interactúan con cualquiera de las Nuevas Tecnologías.

En ese sentido, una de las disciplinas que mayor impacto ha tenido en esta revolución tecnológica ha sido y es el de la Neurociencia que, a través de la Neurotecnología, busca profundizar el conocimiento del cerebro humano, desentrañar la manera en que opera y desarrollar soluciones que permitan mejorar sus funciones. Con el dinámico avance de la Inteligencia Artificial, el involucramiento de la Neurotecnología ha traído aparejada una serie de dilemas sobre el manejo de determinadas cuestiones básicas del ser humano, tales como la privacidad mental (o los procesos neurológicos de cada persona y que pueden ser almacenados en una base de datos) o, sin ir más lejos, el libre albedrío (o la capacidad personal de tomar decisiones, sin que exista manipulación por parte de la Neurotecnología).

La "Neurorights Foundation", organización pionera y que trabaja en el reconocimiento de los Neuroderechos desde hace más de un lustro, reconoce la existencia de cinco Neuroderechos,[9] a saber:

---

[9] *The Five NeuroRights*, en *Mission*, disponible en: https://neurorightsfoundation.org/mission

1. Privacidad mental. Cualquier información y datos en general obtenidos mediante el uso de Neurotecnología debe mantenerse en privado y, si se almacenan, debe existir el derecho a eliminarlos a petición del titular; además, queda prohibido cualquier tipo de operación comercial (tales como venta o transferencia comercial) de dichos datos.
2. Identidad personal. Deben establecerse límites para prohibir que, mediante el uso de la tecnología, se modifique el "sentido del yo", es decir, el sentido corporal-emocional de sí mismo que experimenta el ser humano de forma permanente. Al respecto, se menciona que mediante el uso de Neurotecnología podría desdibujarse la cada vez más delgada línea que separa la consciencia individual de los impulsos externos.
3. Libre albedrío. Las personas deben tener control total sobre sus propias decisiones, sin que existan manipulaciones externas por parte de la Neurotecnología.
4. Acceso justo a la mejora mental. Es necesario es establecimiento de directrices que regulen el uso de neurotecnologías cuya finalidad sea mejorar procesos cognitivos y mentales en general.
5. Protección contra sesgos o prejuicios. Deben fijarse contramedidas de seguridad en el uso de la neurotecnología, mediante las cuales se inhiba la discriminación hacia las personas con base a los datos obtenidos de ellos.

La "Neurorights Foundation" trabaja en diversos niveles:

1. Internacional, con el complejo entramado de tratados internacionales en los cuales es elemental incorporar un marco legal sobre los Neuroderechos.
2. Nacional, trabajando de la mano con gobiernos en el desarrollo e incorporación de los Neuroderechos en la arquitectura jurídica de los países.
3. Industrial, con el desarrollo de códigos de ética y que, en colaboración con las compañías, debe considerar un nuevo estándar de autorregulación y responsabilidad en la materia.
4. Finalmente, pero no menos importante, la labor de concientización entre el público en general sobre como estos desarro-

llos tecnológicos impactan en las personas y el uso (y abuso) que puede darse.

Un caso tan reciente como paradigmático es el ocurrido en Chile: en el año de 2022, el exsenador Guido Guirardi adquirió un casco inalámbrico (*Emotiv Insight*) que monitorea las ondas cerebrales y evalúa diversos estados mentales, como estrés o relajación, con el fin de mejorar los procesos de aprendizaje y mejorar la productividad. El político, después de probar la versión gratuita del producto, decidió no contratar la licencia que ofrecía la compañía; no obstante, la actividad neurológica que se almacenó como usuario del producto, quedó almacenada en la nube, por lo que Guirardi solicitó su eliminación.

Después de una serie de acciones legales, el proceso concluyó con un falló histórico por parte de la Corte Suprema de Justicia de Chile, que, en agosto de 2023, exige a la empresa demandada la eliminación de todos los datos cerebrales recopilados del quejoso, con lo que confirma la existencia de Neuroderechos.[10]

En el ámbito nacional el debate ya ha sido abierto y, de entre los diversos análisis científicos, debates y propuestas, es importante retomar que el 1 de agosto de 2023 (es decir, tan solo unos días antes del fallo de la Suprema Corte de Justicia de Chile, el cual se emitió el 9 de agosto), la diputada federal María Eugenia Hernández Pérez presentó una iniciativa con proyecto de decreto por virtud de la cual se adiciona un noveno párrafo al artículo 4° constitucional y que a la letra dice:

> *Toda persona tiene derecho a la identidad individual plena e integral, así como a la integridad física y psíquica como condiciones de su libertad. El estado garantizará el respeto a la privacidad y la integridad mental de las personas. Ninguna autoridad o particular podrá, mediante el uso de cualquier mecanismo tecnológico, modificar, reducir o afectar dicha integridad e identidad.*

---

10 Neurorights in Chile, in The Neurorights Foundation, disponible en: https://neurorightsfoundation.org/chile

6. CONCLUSIONES Y RECOMENDACIONES

Aquella visión del abogado siendo totalmente desplazado por los nuevos desarrollos tecnológicos (en especial por la IA) no sólo es errónea por alarmista, sino por carecer de perspectiva. Los abogados no seremos desplazados por programas de cómputo que redacten la totalidad de un contrato o que encuentren toda la jurisprudencia aplicable a un caso en particular en cuestión de segundos, ni por sistemas de IA que —como *DoNotPay*— impugnen diversas multas; nuestra labor será enriquecida por dichas tecnologías en la medida que se asuma la actualización y capacitación profesional como compromisos ineludibles, en donde se reconozca a las nuevas tecnologías como herramientas de gran valor para aumentar la calidad de nuestro trabajo y de reducción de tiempo en labores rutinarias.

Los avances tecnológicos que experimentamos en el sector legal no tienen precedentes y muchos de ellos están diseñados para armonizarse de forma sencilla con nuestra labor; por ejemplo, hace ya casi treinta años, Susskind advertía que la Tecnología de la Información acarrearía una serie importante de retos para el sector legal, muchos de los cuales eran considerados, en palabras del autor, como "estrafalarios"[11] y que hoy en día forman parte de nuestra cotidianidad. Similar criterio rige las innovaciones actualmente en desarrollo: tecnologías que hoy son consideradas como ciencia ficción, bien podrían ser algo común dentro de pocos años.

En ese orden de ideas, el abogado de empresa cuenta con una serie de responsabilidades que impactan transversalmente al negocio, desde la asesoría legal integral a los diferentes departamentos de la empresa y a la alta dirección en la toma de decisiones estratégicas, hasta la negociación de acuerdos y contratos comerciales, pasando por la gestión de los activos intangibles de la organización y supervisión del cumplimiento normativo (interno y externo); el cúmulo de obligaciones que conlleva nuestra función requiere de una visión holística del negocio, más como un aliado estratégico y tecnológico que como abogado. Por ello, el reflexionar sobre el impacto de las nuevas tecnologías en las empresas y nuestro rol desde la ciencia jurídica, representa una oportunidad única para brindar soluciones

---

11 R. SUSSKIND, *The future of Law*, Reino Unido, Clarendon Press, 1996.

innovadoras que integren dichas tecnologías en el día a día de las corporaciones, garantizando en todo momento la observancia de las normas jurídicas vigentes y protegiendo los intereses legales de la organización.

En este breve ensayo, se han analizado algunas de las principales innovaciones producto de las nuevas tecnologías, sus características, ventajas y retos que representan. Sin embargo, estos son apenas algunos ejemplos de lo que el futuro nos depara en materia tecnológica pues, en el momento mismo en que redacto estas líneas, se gestan nuevos programas y desarrollos que están revolucionando a la industria legal y a la sociedad en su conjunto; sirva como reflexión un par de ejemplos de lo que ha ocurrido en nuestro país en los últimos años: en octubre del año pasado, se publicaron diversas reformas a la Ley General de Sociedades Mercantiles en materia de asambleas por medios telemáticos, lo cual representa un hito en la forma de organización y toma de decisiones societarias (y un año antes, en 2022, Iberdrola, empresa líder en energía, se convertiría en la primera empresa que celebraba una junta de accionistas a través de un metaverso) y, hace poco menos de un mes, se presentó la iniciativa que expide la "Ley Federal que regula la Inteligencia Artificial" y que, si bien se nutre en gran medida de las normas y criterios que ha expedido el Parlamento Europeo en la materia (el cual, por cierto, acaba de aprobar el primer Reglamento de IA del mundo), se trata de un proyecto que requiere de un debate y análisis pormenorizado de su impacto en la sociedad mexicana.

Por lo anterior, a manera de conclusión, sirvan las siguientes notas como recomendaciones para todos aquellos profesionistas que, de alguna u otra manera, tienen la oportunidad (y responsabilidad) de adentrarse y conocer más a fondo los avances en materia tecnológica:

1. Apertura. Es fundamental tener una gran apertura hacia las nuevas tecnologías como mecanismos cuya correcta implementación se traduce en un valioso aliado del abogado de empresa.
2. Conocimiento integral del negocio. Es necesario realizar un diagnóstico integral sobre el eventual impacto que los principales avances tecnológicos pueden tener, en primer orden, en

el sector legal en general y, consecuentemente, en la industria en la que se desenvuelven las empresas que asesoramos.

3. Alianzas con expertos. La labor del abogado de empresa estaría incompleta sin el invaluable apoyo de profesionistas de otras disciplinas; la labor de expertos de Datos, Computación Cuántica, *Big Data* o Transformación Digital —por mencionar algunos ejemplos— es vital para la correcta realización de nuestras funciones. Ahora más que nunca es momento de trabajar en conjunto como aliados y recurrir en todo momento a su experiencia y conocimientos.
4. Seguridad de la información. En muchos niveles de la organización, es muy importante contar con un correcta generación de políticas legales en materia de ciberseguridad, que siguiendo criterios internacionales, que garanticen el cumplimiento de las principales normativas en materia de protección y privacidad de datos, evaluación de riesgos y procedimientos de seguridad, así como gestión de consultas y reclamaciones en materia de tratamiento de datos.
5. Visión de largo plazo. Los abogados debemos asumir un rol proactivo como parte de la actual ola tecnológica, pasar de ser considerados "artesanos" enfocados en la redacción especializada de documentos legales, a impulsores de la automatización de procesos y de soluciones de datos, de gestionar información y concentrarla en pocas manos, a implementar plataformas que estandaricen criterios y permitan desarrollar predicciones más precisas sobre las necesidades legales de la organización; en fin, abrazar a las nuevas tecnologías como una parte cada vez más importante en nuestra labor.
6. Especialización del conocimiento. Estrechamente relacionado con el primer punto, los profesionales del Derecho estamos ante una oportunidad irrepetible para sumarnos y comenzar a tener una comprensión más especializada y profunda sobre las nuevas tecnologías. Para ello, existe una amplia variedad de instituciones y organizaciones que, mediante plataformas educativas, brindan cursos y capacitaciones sobre temas relacionados a la IA Generativa, Ciencia de Datos, Responsabilidad Ética en el uso de IA o Modelos lingüísticos de gran tamaño

(*Large language model*, LLM), muchas de las cuales inclusive son gratuitas y abiertas al público en general.

Aspectos de la Sostenibilidad en los Negocios Familiares en México: La influencia de la Cultura en su Gobierno Corporativo

LUIS ALEJANDRO MEDINA GONZÁLEZ

1. INTRODUCCIÓN

La manera de hacer negocios ha cambiado en los últimos años. El rendimiento económico ha dejado de ser el objetivo único de las empresas y hoy se han incorporado conceptos como la protección al medioambiente, la responsabilidad hacia la sociedad y la eficiencia del gobierno corporativo (también llamado gobernanza). **En este contexto, nos centraremos en la Sostenibilidad Empresarial como concepto eje.**

Su origen se le atribuye al Informe de la Comisión Mundial de las Naciones Unidas sobre el Medio Ambiente y el Desarrollo de fecha 4 de agosto de 1987.[12] En dicho reporte, en su versión en español, se lee: *"Está en manos de la humanidad hacer que el desarrollo sea sostenible, duradero, o sea, asegurar que satisfaga las necesidades del presente sin comprometer la capacidad de las futuras generaciones para satisfacer las propias"*. En un inicio, la interpretación se centraba principalmente en la sostenibilidad medioambiental.[3] Sin embargo, al día de hoy se ha alcanzado el consenso de que el desarrollo sustentable se soporta en

---

1 Montiel, Ivan. *"Corporate Social Responsibility and Corporate Sustainability: Separate Pasts, Common Futures"*, 2008. http://oae.sagepub.com/cgi/content/abstract/21/3/245

2 ONU. https://digitallibrary.un.org/record/139811?ln=es consultado 11/03/2024

3 Jeurissen, R. (2004). John Elkington, Cannibals With Forks: The Triple Bottom Line of 21st Century Business. Journal of Business Ethics, 23(2), 229-231.

tres pilares: el medio ambiente, la sociedad y la economía.[4] Aunque pareciera un contrasentido hablar de lo "novedoso" de un concepto que surgió hace más de 30 años, consideremos que la evolución de su entendimiento, pero sobre todo, de la manera en la que se puede implementar, ha llevado muchos años. Así, fue hasta el año 2015 en el que las Naciones Unidas, publicaron la Agenda 2030 para el Desarrollo Sostenible,[5] en la que se incluyen 17 objetivos a los que se les vincula 169 metas.

Lo interesante de este esfuerzo, es que estos objetivos y metas están disponibles para todo tipo de empresas —micro, pequeña, mediana y gran empresa— que pueden sumarse a este esfuerzo a través de lo que se ha denominado el "Pacto Mundial",[6] iniciativa que tiene en su centro los denominados 10 Principios, mismos que "se fundamentan en diversas declaraciones de Naciones Unidas en materia de derechos humanos, normas laborales, medioambiente y anticorrupción".[7]

---

4 Bansal, P. (2005). Evolving sustainably: a longitudinal study of corporate sustainable development. Strategic Management Journal, 26(3), 197-218.
John Elkington, (1999). Cannibals With Forks: The Triple Bottom Line of 21st Century Business, Capstone.

5 ONU. https://www.un.org/sustainabledevelopment/es/objetivos-de-desarrollo-sostenible/ consultado 11/03/2024

6 PACTO MUNDIAL. https://www.pactomundial.org/que-puedes-hacer-tu/sostenibilidad-empresarial/ consultado 11/03/2024

7 PACTO MUNDIAL. https://www.pactomundial.org/noticia/10-principios-17-ods/#:~:text=Los%2010%20Principios%20del%20Pacto,y%20gozan%20de%20consenso%20universal. consultado 11/03/2024

LOS DIEZ PRINCIPIOS[8]

OBJETIVOS DEL DESARROLLO SOSTENIBLE[9]

---

8 Obtenida el 12/03/2024 de: https://www.expoknews.com/2019-un-ano-clave-para-pacto-mundial/. La imagen se encontró como parte del artículo de Corinna Acosta (2019)

9 Obtenida el 12/03/2024 de: https://knauf-industries.es/objetivos-desarrollo-sostenible-industria-2030/

A través de los años, al estudiar la Sostenibilidad Empresarial, se ha incorporado el análisis de su Gobernanza.[10]

Esto es, se ha concluido que para entender la manera en la que debiera de funcionar una empresa tanto en lo operativo como en lo estratégico, se tiene que incluir la forma en la que se toman sus decisiones, lo que nos lleva a querer entender cómo se integran se integran sus estructuras de gobierno, y cuáles son los procesos que aplican para determinar su rumbo a seguir.

Así el objetivo de este documento es profundizar sobre los retos específicos que enfrentan los negocios familiares en México al planear su Sostenibilidad. Para lograrlo, se seguirá el siguiente orden:

1. Elementos inherentes a la Sostenibilidad Empresarial:
    a. Medioambiente
    b. Sociedad
    c. Economía
    d. Gobernanza
2. Definición de los Negocios Familiares
3. Negocios Familiares en el contexto cultural de México
4, Retos de los Negocios Familiares en México al planear su Sostenibilidad, y propuestas para su manejo.

2. LA SOSTENIBILIDAD EMPRESARIAL

2.1. Medioambiente

Como se mencionó anteriormente, este elemento fue el primero que se tomó en cuenta cuando se habló de Sostenibilidad. El cambio climático ha hecho urgente el análisis puntual del futuro en la explotación de los recursos naturales que nos ofrece el planeta. Al respecto, son dos conceptos principales cuyo entendimiento y parametrización se consideran indispensables. El primero es la mitigación del impacto medioambiental de las empresas en el cumplimiento de sus objetivos. Se requiere partir del análisis de las actividades económicas

---

10 Elkington, *op. cit.*

de una empresa para entender la manera de eficientar el uso de los recursos naturales. En este esfuerzo, la inversión en tecnología se vuelve crucial. En la ecuación final, lo que se busca es "producir lo mismo utilizando menos". Ahora bien, entendiendo que a pesar del esfuerzo por mitigar el impacto, éste siempre existirá, el otro componente necesario en este elemento, es el de la compensación. Bajo este principio, se debe de buscar la llamada "huella neutral".

2.2. Sociedad

Si revisamos la literatura en la materia, sin duda podremos encontrar el debate acerca de cuál es la responsabilidad de la empresa: lograr el mayor beneficio para sus accionistas, o lograr el mayor beneficio posible considerando a todos los demás agentes con los que se relaciona la empresa (accionistas, empleados, proveedores, clientes, comunidad, etc). La primera conocida como la teoría de la supremacía de los accionistas (Stockholder Theory) le es atribuida a Milton Friedman, mientras que la segunda, es conocida como la teoría del participante (Stakeholder Theory), que fue acuñada por Edward Freeman.

Pues bien, el concepto de la Sostenibilidad pareciera tomar partido en este debate. Si queremos hablar de Sostenibilidad Empresarial, necesariamente debemos de identificar los denominados "grupos de interés", que son, "las personas o grupos de personas que tienen impacto en, o se ven afectados por, las actividades, los productos o los servicios de una empresa",[11] para luego determinar estrategias concretas que reconozcan sus necesidades y fomenten su bienestar.

2.3. Economía

Con respecto a la parte económica, se puede decir que probablemente esta es la más explorada. Que una empresa sea productiva siempre ha sido la idea, el cambio del paradigma radica en la incorporación de los dos primeros elementos ya descritos (Medioambien-

---

11 Strandberg, L. (2010). El Compromiso con los grupos de interés. Cátedra "la Caixa" de Responsabilidad Social de la Empresa y Gobierno Corporativo. // www.iese.edu/media/research/pdfs/ST-0321.pdf

te y Sociedad), para que al determinar los ya conocidos indicadores claves de rendimiento (KPI's) se asuma que la responsabilidad de la empresa no es exclusivamente económica y que sus acciones no deben de tener como único objetivo el beneficio de sus socios.

2.4. Gobernanza o Gobierno Corporativo

El análisis de este elemento de la Sostenibilidad es bidimensional. Por una parte, debemos de entenderlo desde la perspectiva del proceso de toma de decisiones que necesariamente existe detrás los "Tres Pilares",[12] y por la otra, tenemos que considerar que estas estructuras de toma de decisión están compuestas por empleados directivos (parte de los grupos de interés internos), o por consejeros independientes (parte de los grupos de interés externos), por lo que al hablar de Sostenibilidad necesariamente tendremos que analizar su apego a los Objetivos de la Sostenibilidad que como se ha mencionado ya, emanan de los 10 Principios relacionados con el Pacto Mundial anteriormente descrito.

Esta manera de entender el concepto de Gobierno corporativo parte de la siguiente definición, ofrecida por la Corporación Financiera Internacional, Institución perteneciente al Banco Mundial:

"El gobierno corporativo se define como las estructuras y los procesos mediante los cuales se gestionan y controlan las empresas".[13]

---

[12] Al valorar las estrategias de mitigación y compensación de una empresa (pilar Medioambiente), la manera en la que se relaciona con sus grupos de interés (pilar Sociedad), y la forma en la que amalgama estos conceptos con sus indicadores de rendimiento económico (pilar Economía), necesariamente tenemos que estudiar sus estructuras y procesos de toma de decisión

[13] International Finance Corporation (2017), Gobierno Corporativo, América Latina y el Caribe

GOBIERNO CORPORATIVO[14]

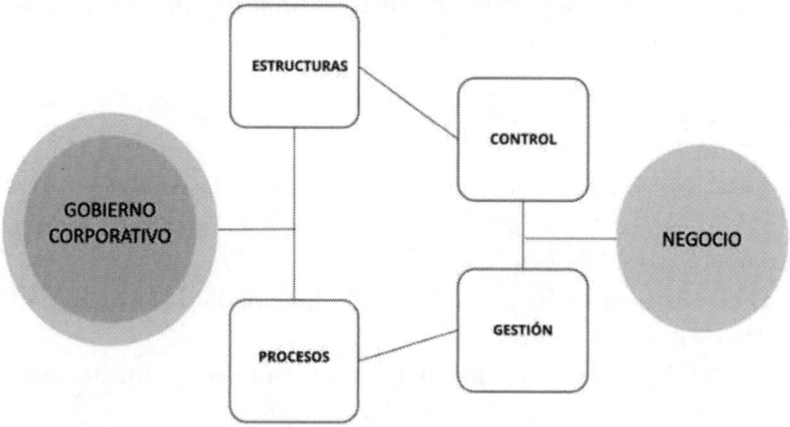

Al hablar de gobierno corporativo es importante contextualizar una evolución en su marco normativo, que empezó en el contexto de la autorregulación pero que gradualmente se ha ido encaminando a la imposición legal de muchos procesos y estructuras que hoy resultan necesarios para cualquier negocio, con independencia de su apego o no, a la Sostenibilidad. Leyes como la Ley del Mercado de Valores del 2006, la Ley Federal de Protección de Datos Personales en Posesión de Particulares del 2010, la Ley Federal para la Prevención e Identificación de Operaciones con Recursos de Procedencia Ilícita 2012, la reforma al Código Penal Federal del 2016 y la Ley de Extinción de Dominio del 2019 le imponen a la empresa nuevas maneras de operar jurídicamente.

El cuestionamiento que surge a partir de esta evolución normativa en el marco del Gobierno Corporativo de las empresas en México, es su trascendencia e impacto en las micro y pequeñas empresas. En este sentido, cobra mucha relevancia la definición de gobierno corporativo, que establece *procesos* y *estructuras*, en ese orden. Así, lo que se tiene que contextualizar, es que los **procesos** de gobierno corporativo no dependen del tamaño del negocio, pero el alcance de sus **estructuras** sí pudiera ser más flexible.

---

14 Elaboración propia

Explico: al analizar las recomendaciones y obligaciones normativas relacionadas con el gobierno corporativo de las empresas, podremos identificar funciones muy específicas:

Función de salvaguarda patrimonial: Esta función la realizan los dueños del negocio.

Función de planear la manera más eficiente de cómo ejecutar los fines del negocio: Esta función la realizan los asesores vinculados al negocio.

Función de ejecución de los fines del negocio: Esta función la realizan los operadores del negocio.

Función de vigilancia patrimonial: Esta función la realizan los auditores del negocio.

Si aplicamos este razonamiento en el contexto de un microempresario con actividades de comerciante que opere como persona física (al que legalmente no se le imponen obligaciones relacionadas con estructuras de gobierno corporativo, pero que sí se le imponen procesos legales obligatorios), podemos identificar estas funciones. Habrá momentos en los que este comerciante estará analizando que su patrimonio esté seguro (por ejemplo, al analizar la tenencia legal de su inventario), otros en los que diseñará su estrategia de mercado, momentos en los que estará vendiendo las mercancías, y finalmente momentos en los que vigilará su patrimonio al "cuadrar las cuentas". Para cumplir con todo esto, no necesitó estructuras corporativas, sin embargo, tendrá que observar procesos corporativos como: pagar impuestos, probablemente reportar en términos de la "Ley Antilavado" o gestionar los derechos ARCO[15] de sus clientes.

En el otro extremo, cuando tenemos empresas en las que conviven socios, consejeros, directores y auditores, estas funciones se notarán con mayor claridad, y será más fácil asociar una estructura formal que sirva de marco para su desarrollo. Sin duda, al hablar de funciones de salvaguarda patrimonial, estaremos hablando de la asamblea de dueños; cuando discutimos de planeación, estaremos hablando de consejos de administración; al pensar en la ejecución de los fines del negocio, estaremos hablando de los directivos; y al conceptuali-

---

15 Acceso, Rectificación, Cancelación y Oposición en el contexto de la Ley de Protección de Datos Personales en Posesión de Particulares

zar la vigilancia patrimonial, rápidamente sabemos que estamos hablando de la figura del comisario o de los auditores externos.

ESTRUCTURAS DE GOBIERNO CORPORATIVO[16]

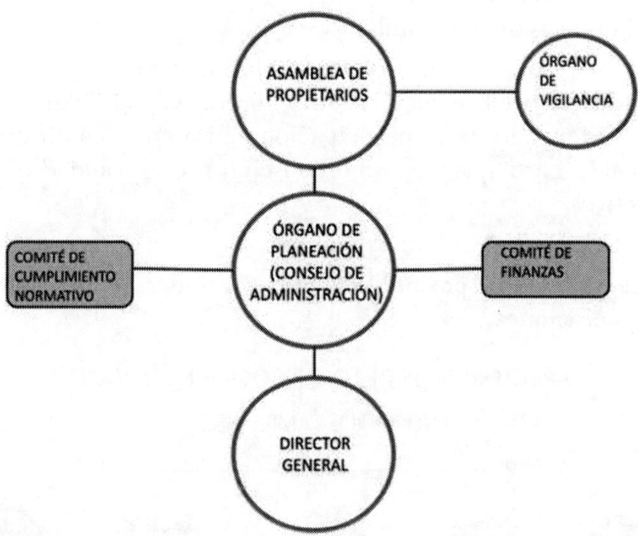

Ahora bien, al hablar de Gobernanza en el contexto de la Sostenibilidad, se analizan dos aspectos: 1. El resultado de sus decisiones, específicamente que estén encaminadas a lograr los Objetivos de Sostenibilidad. 2. La manera en la que se integran, evaluando su apego a las características esbozadas en el Pilar Sociedad, haciendo énfasis en la equidad de género.

3. DEFINICIÓN DE NEGOCIOS FAMILIARES

Antes de entrar al análisis de los retos que enfrentan los negocios familiares mexicanos al planear su Sostenibilidad, es necesario definir lo que se entiende por negocio familiar. Considerando que esta definición ha variado a lo largo del tiempo y que algunos autores

---

16 Elaboración propia. Los comités mencionados son simples ejemplos, ya que su conformación depende de la planeación de cada negocio.

afirman que hasta el día de hoy, no hay un consenso definitivo,[17] se señalará sus características, en lugar de ofrecer una definición —siguiendo a Poza (2010):

1. Control de la propiedad del negocio en manos de dos o más miembros de una familia.
2. Influencia estratégica de los miembros familiares en la administración del negocio y en la conformación de sus directrices, derivado de su participación activa en la administración, por su participación como consejeros, o en calidad de socios activos.
3. **Interés en las relaciones familiares.**
4. **El sueño (o posibilidad) de continuar a través de las generaciones.**[18]

CARACTERÍSTICAS DE LOS NEGOCIOS FAMILIARES[19]

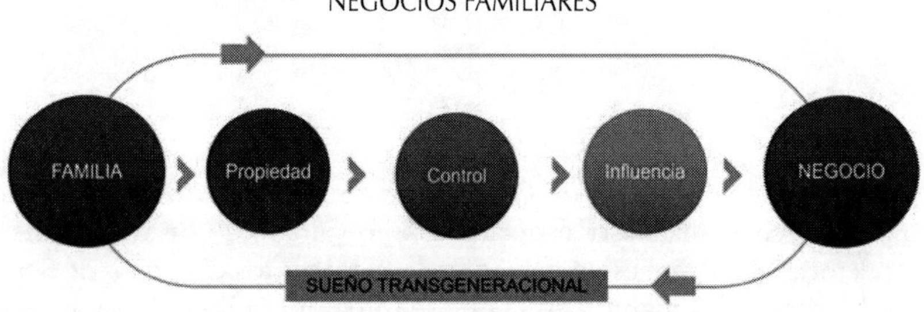

4. NEGOCIOS FAMILIARES EN EL CONTEXTO CULTURAL DE MÉXICO

Al hablar de negocios desde una perspectiva económica, probablemente las reglas sean las mismas a nivel mundial; sin embargo,

---

17 Hernández-Linares, R., Sarkar, S., & Cobo, M. (2018). Inspecting the Achilles heel: a quantitative analysis of 50 years of family business definitions. "Scientometrics", 115(2), 929-951.

18 Ernesto J. Poza, (2010) FAMILY BUSINESS [Negocios Familiares], Jade W. Calhoun eds., South Western Cengage - Learning

19 Elaboración propia

cuando hablamos de la dimensión social, la carga cultural juega un rol muy importante. Así, cuando hablamos de un negocio familiar, será importante entender el contexto cultural de la familia, para conocer la forma en la que influirá en el negocio. En México, el patrón cultural que incide en el contexto de un negocio familiar es el denominado *Familismo.*

¿Qué es el familismo? "El familismo consiste en un conjunto de derechos y obligaciones inherentes a los miembros de cualquier grupo familiar y puede ser entendido como un conjunto de expectativas, conductas y percepciones asociadas con un rol específico."[20]

La importancia de entender la manera en la que el *Familismo* se manifiesta, estiba en que este incide en la manera en la que los miembros de la cultura en la que se detecta, toman decisiones.[21][22]

Luego entonces, al hablar de los Negocios Familiares en México, tenemos que tomar en cuenta, que el proceso de toma de decisión de los integrantes de la familia estará condicionado por su percepción acerca de los roles familiares de otros miembros. Por ejemplo, para un hermano menor será difícil cuestionar las decisiones de negocio de un hermano mayor con rol de autoridad entre los hermanos.

5. RETOS DE LOS NEGOCIOS FAMILIARES EN MÉXICO AL PLANEAR SU SOSTENIBILIDAD, Y PROPUESTAS PARA SU MANEJO

Considerando que el elemento diferenciador de los negocios familiares radica precisamente en su elemento humano, los retos re-

---

20 Peter L. Heller,(1976) Familism Scale: Revalidation and Revision, [Escala del Familismo: Revalidación y Revisión] 3 Journal of Marriage and Fam.

21 Linda C. Halgunseth et al, (2006) Parental Control in Latino Families: An Integrated Review of the Literature, 77 Child Development [Desarrollo del Niño]

22 El Familismo no es exclusivo de lo que podríamos denominar "Cultura Mexicana". El Familismo lo compartimos de manera evidente con Latinoamérica, pero también con Asia, con la cultura Judía, por mencionar algunas. Otra manera de identificarlo es al detectar "comportamientos de clan".

lacionados con la Sostenibilidad, tienen su origen es el contexto del Pilar Sociedad y en el de Gobernanza.

Si recordamos los elementos propuestos por Ernesto Poza para entender lo que es un Negocio Familiar, podemos concluir que la necesidad de cuidar las relaciones familiares y el sueño de la transgeneracionalidad son los conceptos que están detrás de los retos a los que nos referimos. La circunstancia de que una familia tenga el control o ejerza influencia en el negocio, no parecieran ser circunstancias muy diferentes a las de un grupo accionario con intereses afines, sin embargo, cuando tomamos en cuenta que ese control y esa influencia tomarán en cuenta temas totalmente ajenos a la prosperidad del negocio, sin duda estamos ante una realidad distinta.

Es por esto, que cuando se piense planear la Sostenibilidad de un negocio familiar, el primer reto será el incluir como parte de sus Grupos de Interés a la familia. Ahora bien, como esa influencia y control los ejercerán individuos cuyo proceso decisión no siempre es objetivo (debido al condicionamiento de la percepción por los roles familiares), el segundo reto será definir procesos y estructuras de gobernanza que respondan a esta realidad.

6. 1ER RETO: PILAR SOCIEDAD. GRUPO DE INTERÉS LLAMADO FAMILIA

La primera particularidad es definir si la familia es un grupo de interés interno o externo. No parece tan clara la conclusión. Por una parte, podríamos sostener que es un Grupo de Interés Externo, ya que no todos son socios ni todos operan, sin embargo, si regresamos a las características que la pueden definir, sin duda su influencia es trascendental. No solamente desde la injerencia de sus opiniones, sino también desde la planeación de sus objetivos estratégicos. Entonces, si es un grupo de interés con una injerencia tan trascendental, podría ser lógico ubicarlo como Interno.

Para tratar de contextualizar esta realidad se ofrece la siguiente imágen, elaborada a partir del trabajo de Renato Tagiuri y John Davis:

MODELO DE LOS TRES CÍRCULOS[23]

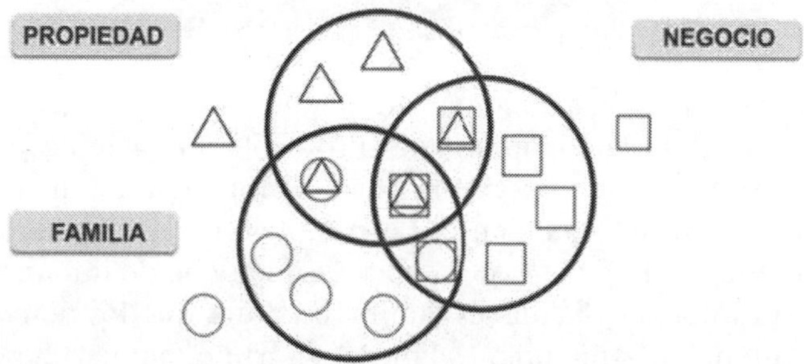

Lo que nos muestra este modelo, entre otras cosas, es que en un negocio familiar existen familiares propietarios pero que no operan el negocio, familiares que no son propietarios pero que participan en su operación, familiares que son propietarios y que operan el negocio, pero también familiares que ni son propietarios ni operan el negocio. Sin embargo, se insiste en que su influencia como grupo existe y tiene que ser tomada en cuenta al momento de planear la Sostenibilidad del negocio.

Aunque esta discusión de si es un Grupo de Interés Interno o Externo, parece doctrinal, la relevancia reside en la prioridad que se le tendría que dar al tema, por lo que la propuesta sería incluir a la Familia como parte de los Grupos de Interés Internos.

Para abundar en los efectos visibles de la cultura en los Negocios Familiares en México, se listan los siguientes:

- Influencia de los cónyuges que ni son socios ni son operadores del negocio
- Discrepancia jerárquica entre los roles familiares y las posiciones operativas en el negocio
- Influencia de los roles familiares en las decisiones operativa, aún no existiendo jerarquía
- Protección familiar en contextos operativos
- Dificultad para aceptar jerarquías de terceros no familiares

---

23 Elaboración propia a partir de Renato Tagiuri y John Davis (1996), Bivalent Attributes of the Family Firm, "Family Business Review".

6.1. Estrategias

6.1.1. Protocolo Familiar

La más utilizada herramienta para poder conciliar las necesidades antes planteadas es la denominada "Protocolo Familiar". Este documento es sumamente importante pero complejo tanto en su elaboración como en su seguimiento. Lo complejo de este documento, y esto comentado desde la experiencia, es que debe de intentar reflejar las costumbres y realidades familiares, antes que los deseos y las buenas intenciones de quienes lideran el grupo familiar. Los temas que usualmente se regulan en este documento son:

1. **"Participantes en la propiedad.** Se refiere a las personas que calificarán como herederos.
2. **Involucramiento en la operación del negocio.** Se refiere a las reglas para que algún familiar, especialmente los posibles herederos, se puedan involucrar en la operación del negocio.
3. **Estructuras de gobierno.** Se refiere a las que se organizarán para el control y liderazgo tanto del negocio como de la familia, así como la manera de integrarlas.
4. **Mecanismos de decisión.** Se refiere a la manera en la que se tomarán decisiones sobre los principales temas.
5. **Mecanismos de solución de conflictos.** Se refiere a la manera en la que se desahogarán disputas entre familiares, especialmente entre posibles herederos o propietarios familiares.
6. **Remuneración.** Se debe de analizar desde la perspectiva de socio y de la de empleado.
7. **Herencia.** Se refiere a las reglas para permitir que un posible heredero reciba la propiedad del negocio al fallecimiento de algún propietario.
8. **Transmisión de propiedad/ Mecanismo de salida.** Se refiere a las reglas para la transmisión del interés en el negocio familiar, fuera de los casos de herencia.
9. **Restricción de derechos/ Mecanismo de expulsión.** Se refiere a los casos en los que se podrán limitar los derechos de quienes sean propietarios, incluyendo el análisis de posibles casos de expulsión.

10. **Cambio de liderazgo.** Se refiere a las reglas para estructurar los procesos de cambio en la dirección del negocio familiar.
11. **Misión, visión y valores familiares.** Determinados desde la perspectiva de su influencia en el negocio.
12. **Reglas de actualización.** Se refiere a la manera y la periodicidad con la que se revisarán las reglas definidas."[24]

6.1.2. Oficina Familiar

Otra muy eficiente manera de reducir el impacto de la dinámica familiar en el negocio, es la de atender a sus necesidades con una estructura independiente. Es muy común que los familiares que no operan en el negocio, demanden del negocio prestaciones y servicios personales. Esto se soluciona a partir de la conformación de una Oficina Familiar.

En los últimos años, se ha identificado a la Oficina Familiar como una estructura dedicada a inversiones, sin embargo, su naturaleza primaria es la de responder a todas las necesidades que la familia pudiera requerir del negocio. Por ejemplo: contratación de seguros, pago de necesidades básicas, vacaciones, y desde luego, la administración del patrimonio personal de los familiares.

7. 2DO RETO: GOBERNANZA. ESTRUCTURAS ESPECIALES Y PROCESOS DIFERENTES

Retomando el concepto del Familismo, y habiendo concluido que este rasgo cultural incide de manera determinante en la manera en la que tomamos decisiones, al analizar las estructuras relativas al gobierno corporativo en un negocio familiar, encontraremos necesidades distintas a las de un negocio no familiar. Esto nuevamente desde dos realidades: 1. la necesidad de mitigar o reconocer, la influencia de las costumbres familiares en los procesos de toma de decisión; 2.

---

[24] Medina, Luis. (2018) NEGOCIOS FAMILIARES EN MÉXICO; GUÍA PARA EMPRESARIOS, INTRODUCCIÓN PARA CONSULTORES, MA Porrúa

la necesidad de incorporar estructuras que reconozcan el objetivo de la transgeneracionalidad inherente a este tipo de estructuras.

7.1. Estrategias

7.1.1. Estructuras especiales

1. Junta Familiar. La que integran todos los miembros de la familia. Es el escenario perfecto para que los familiares que no operan ni son socios se enteren de los asuntos relacionados con el negocio familiar. Con esta estructura se cumple un doble propósito: se prepara a los futuros socios y se le informa a los que nunca lo serán de temas que pueden ser de su interés (pe.: los cónyuges).
2. Consejo Familiar. Atendiendo a la naturaleza específica del negocio familiar (pj.: familia numerosa o varias generaciones involucradas), se integra el Consejo Familiar con el fin de representar los intereses de la familia en la operación del negocio. En algunas ocasiones este Consejo Familiar, integra la totalidad del Consejo de Administración del Negocio, pero en otras, cuando existen consejeros independientes con derecho de voto, integran parte del Consejo.
3. Comités Especiales. Como se observó anteriormente, los Comités se integran atendiendo a las necesidades específicas del negocio. Sin embargo, dos comités que ayudan en la gestión de la familia en el negocio son:
   a. Comité de Contratación y Despido de Familiares. Cuando los roles familiares son muy fuertes, se recomienda que la contratación y el despido de los familiares no recaiga en la estructura operativa, sino que la controle una estructura especializada que permita una mayor objetividad y transparencia en el proceso a seguir.
   b. Comité de Emprendimiento. Uno de los grandes retos es el retiro de la generación en control del negocio familiar. La pérdida de poder y de relevancia no son fácilmente aceptados, especialmente cuando se trata del fundador. Pues bien, una posible solución, es la de involucrar a quienes se retiran en un comité de emprendimiento. Este comité sirve

para cuatro propósitos: 1. el fundador sacia su necesidad de continuar siendo relevante, 2. el fundador podrá transmitirle a las siguientes generaciones gran parte de la astucia que le permitió triunfar, 3. futuras generaciones podrán encontrar maneras de desarrollarse sin necesariamente estar vinculados directamente al negocio familiar, 4. el negocio no es infinito, por lo que fomentar el emprendimiento sin duda hará crecer el patrimonio.

ESTRUCTURAS DE GOBERNANZA DE UN NEGOCIO FAMILIAR[25]

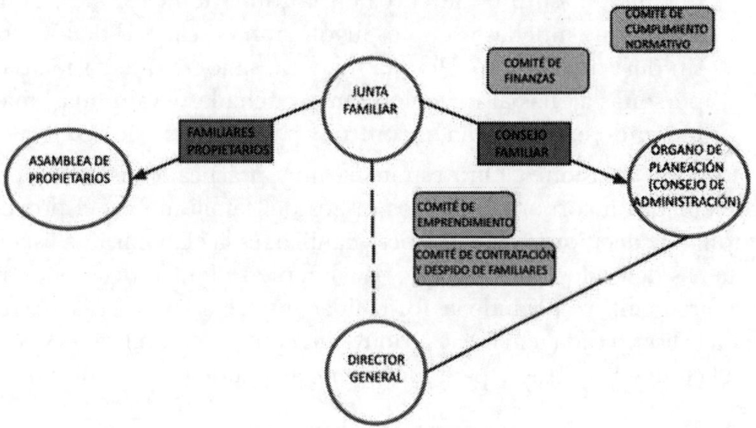

7.1.2. Procesos

Con respecto a los procesos que pudieran servir para mejorar esta relación familia negocio se mencionan los siguientes:

1. Representación por estirpe. La asamblea de propietarios, como órgano máximo de cualquier negocio, puede ver comprometido su funcionamiento en el contexto de un negocio familiar, si todos los socios participan. Desde luego que atendiendo a la particularidad de la familia (como pudiera ser el número de sus integrantes) puede funcionar la elección de representantes por estirpe para la participación en asambleas tanto ordinarias

[25] Elaboración propia

como extraordinarias. En algunos contextos, esta representación incluso recae en terceros ajenos al negocio.

2. Nombramiento del Director General. Usualmente esta decisión recae en el Consejo de Administración, sin embargo, en algunos contextos, es la Junta Familiar o el Consejo Familiar quienes realizan esta selección.
3. Rol de los terceros en el consejo de administración. Otro tema a considerar es el rol de los terceros que pudieran participar en el Consejo. En algunos contextos, las familias recelan el involucramiento de terceros en la toma de decisiones, de tal suerte que muchas veces los involucran en calidad de asesores sin derecho de voto. De esta manera, se logra que las ideas de personas ajenas al negocio sean escuchadas y valoradas, manteniendo en la familia el control y rumbo del negocio.

Lista de decisiones. Otra estrategia muy práctica, considerando la problemática incorporada por los rasgos del familismo en el proceso de toma de decisiones en el negocio familiar, es la elaborar una lista de los temas delicados sobre los que usualmente se toman decisiones, no necesariamente respetando las formalidades necesarias. Así, una vez realizada la lista, a cada tema se le atribuye un contexto (familia o negocio) para la toma de decisión, para finalmente atribuirle un mecanismo.

LISTA DE TEMAS Y CONTEXTOS[26]

Negocio

- Reparto de utilidades.
- Reinversión de utilidades.
- Inversiones fuera del giro principal.
- Reinversión de utilidades por encima de lo programado.
- Despido de empleados de confianza no familiares.
- Despido de empleados con más de 8 años.

Familia

- Contratación y despido de familiares
- Seguros de gastos médicos, vida
- Inversiones: casas de verano
- Vehículos.
- Escuelas.
- Reglas de reconocimiento, involucramiento y representación: juntas familiares, asambleas de socios.

- Esquema de remuneración.
- Compra forzosa.
- Admisión de nuevos socios.

- Esquema de apalancamiento.
- Solicitud y obtención de créditos fuera del esquema de apalancamiento.
- Conformación del consejo de administración.
- Nombramiento de directores.
- Creación de puestos.

- Reglas de salida voluntaria.
- Herencia.

[26] Elaboración propia

MECANISMOS DE TOMA DE DECISIÓN[27]

Variedad de Mecanismos

- **Decisiones Unilaterales**
- **Votación**
  - Por Porcentaje accionario
  - Por Persona
  - Voto Abierto VS Voto Secreto
- **Voto Especializado**
  - Por Tema
  - Por Decisión
    - Socios.
    - Familia.
  - Colegiado VS Individual
  - Voto Abierto VS Voto Secreto

Derecho De Veto

MECANISMOS DE TOMA DE DECISIÓN[28]

Variedad de Mecanismos

Derecho De Veto

- Decisiones Unilaterales
- Voto secreto por porcentaje accionario.
- Voto abierto por porcentaje accionario.
- Voto secreto por persona.
- Voto abierto por persona.
- Voto especializado colegiado por tema.
- Voto especializado individual por tema.
- Voto especializado por decisión alcanzada mediante voto secreto por porcentaje accionario.
- Voto especializado por decisión alcanzada mediante voto abierto por porcentaje accionario.
- Voto especializado por decisión alcanzada mediante voto secreto por persona.
- Voto especializado por decisión alcanzada mediante voto abierto por persona.

---

27 Elaboración propia

28 Elaboración propia

EJEMPLO[29]

Tema	Estructura	Particpantes	Forma de votar	¿Veto?
Venta de activos	Negocio	Propietarios	Abierta / Mayoría simple de los presentes en la asamblea. Quórum del 60% de la propiedad	Sí / Ramiro Vargas Núñez
Restricción de derechos	Junta Familiar	Propietarios y sucesores en puestos directivos	Secreta / Mayoría calificada del 75% de las personas con derecho a votar	No

8. EQUIDAD DE GÉNERO: RETO ADICIONAL DE LA SOSTENIBILIDAD EN LOS NEGOCIOS FAMILIARES

Otro tema de suma importancia que se relaciona con la atención a los Grupos de Interés con los que se relaciona la empresa, tanto desde la perspectiva operativa del negocio como la de la integración de sus órganos de gobierno es la equidad de género en su composición.

En muchas jurisdicciones la cuota de género en los Consejos de Administración para empresas públicas, está incluso respaldada normativamente. Si tomamos el ejemplo de los estados miembro de la Unión Europea, encontramos lo siguiente:[30]

País de la UE	Ley de Cuota de Género	Recomendación de diversidad de género en Códigos de Gobierno Corporativo	Requerimiento de reporte de diversidad de género
Austria	+	+	+
Bélgica	+	+	+
Bulgaria			+
Croacia			+

29 Elaboración propia

30 Kirsch, Anja. (2021) Women on Board Policies in Member States and the Effects on Corporate Governance, European Parliament, citando a Arndt, Paula & Wrohlich, Katharina (2019) Gender quotas in a European comparison: Tough sanctions most effective. DIW Weekly Report 38/2019: 338-344.

País de la UE	Ley de Cuota de Género	Recomendación de diversidad de género en Códigos de Gobierno Corporativo	Requerimiento de reporte de diversidad de género
Chipre			+
República Checa			+
Dinamarca		+	+
Estonia			+
Finlandia		+	+
Francia	+	+	+
Alemania	+	+	+
Grecia	+	+	+
Hungría			+
Irlanda		+	+
Italia	+	+	+
Latvia		+	+
Lituania			+
Luxemburgo		+	+
Malta			+
Países Bajos	+	+	+
Polonia		+	+
Portugal	+	+	+
Rumania		+	+
Eslovaquia			+
Eslovenia		+	+
España	+	+	+
Suecia		+	+

Lo cierto es que aunque en México no tenemos ninguna ley que nos imponga esta obligación corporativa, existen acciones concretas que motivan a las empresas a cumplir con estos criterios de sustentabilidad desde la perspectiva del beneficio económico y no del mandato jurídico.

Estas acciones se materializan, entre otras, a través del denominado *Índice S&P/BMV Total México ESG*[31] que tiene por "objetivo proporcionar una exposición central al mercado mexicano y al mismo tiempo impulsar de manera significativa el desempeño de las empresas que cumplen con criterios de sostenibilidad".[32]

Ahora bien, centrándonos en los temas de los negocios familiares y su relación con la Sostenibilidad Empresarial, nos enfrentamos a la pregunta:

Al hablar de cuota de género, que de manera ideal busca el equilibrio, ¿cuál debería de ser la proporcionalidad en el contexto de un negocio familiar? Abundando, según datos de INEGI, en el 2020, la proporción de sexo fue 51.20% mujeres y 48.8% hombres, por lo que pensar en un equilibrio en temas de equidad de género suena razonable. Sin embargo, en el contexto de una familia concreta, esa pudiera no ser la realidad. La composición hombre-mujer puede ser totalmente diferente. Entonces, al hablar de equidad de género en un negocio familiar, ¿tendríamos que manejar una proporcionalidad para la familia y otra para los demás operadores o directores del negocio?

Recordamos que el cumplir con los objetivos de Sostenibilidad, no es únicamente un tema de ética, ya que incide en el valor de la empresa,[33] siendo que el tema de género es uno de esos componentes a observar. ¿Cuál es la respuesta a esta problemática de Género? No la conozco, me parece que como sociedad seguimos tratando de descubrir lo que es justo.

---

31 ESG, significa *Environmental, Social and Governance* [Medioambiental, Social y Gobierno]

32 Grupo BMV, Boletín de Prensa, 07/07/2022 https://www.bmv.com.mx/docs-pub/SALA_PRENSA/CTEN_BOLE/Nueva%20composici%C3%B3n%20del%20%C3%ADndice%20ESG%20070722.pdf

33 Tiep Le, Thanh & Nguyen, Van Kah. (2022) The impact of corporate governance on firms' value in an emerging country: The mediating role of corporate social responsibility and organisational identification. Cogent Business & Management. 9: 2018907 https://doi.org/10.1080/23311975.2021.2018907

9. CONCLUSIONES

La Sostenibilidad en los Negocios Familiares en México:

1. Incorpora a la Familia como un Grupo de Interés en el Pilar Sociedad.
   a. La posible estrategia para administrar de manera eficiente esta relación es a través de un Protocolo Familiar. Otra herramienta es la creación de una oficina familiar.
2. Implica el ajuste del modelo de gobierno corporativo tradicional
   a. Requiere la existencia de estructuras especiales que atiendan la realidad específica de este tipo de negocios.
   b. Requiere la implementación de procesos de toma de decisión que permitan mitigar los efectos del *Familismo* en los familiares en posiciones directivas.
3. La calidad percibida en el apego a los estándares de Sostenibilidad tiene un impacto en el valor de la empresa.
   a. No es un tema que debamos vincular exclusivamente a la ética.
   b. El reto de la equidad de género en un negocio familiar implica cuestiones de proporcionalidad que difieren de la norma general.

FUENTES

Bansal, P. (2005). Evolving sustainably: a longitudinal study of corporate sustainable development. Strategic Management Journal, 26(3), 197-218.

Corinna Acosta (2019) https://www.expoknews.com/2019-un-ano-clave-para-pacto-mundial/.

Ernesto J. Poza, (2010) FAMILY BUSINESS [Negocios Familiares], Jade W. Calhoun eds., South Western Cengage - Learning

Grupo BMV, Boletín de Prensa, 07/07/2022 https://www.bmv.com.mx/docs-pub/SALA_PRENSA/CTEN_BOLE/Nueva%20composici%C3%B3n%20del%20%C3%ADndice%20ESG%20070722.pdf

Hernández-Linares, R., Sarkar, S., & Cobo, M. (2018). Inspecting the Achilles heel: a quantitative analysis of 50 years of family business definitions. "Scientometrics", 115(2), 929-951.

International Finance Corporation (2017), Gobierno Corporativo, América Latina y el Caribe

Jeurissen, R. (2004). John Elkington, Cannibals With Forks: The Triple Bottom Line of 21st Century Business. Journal of Business Ethics, 23(2), 229-231.

John Elkington, (1999). Cannibals With Forks: The Triple Bottom Line of 21st Century Business, Capstone.

Kirsch, Anja. (2021) Women on Board Policies in Member States and the Effects on Corporate Governance, European Parliament, citando a Arndt, Paula & Wrohlich, Katharina (2019) Gender quotas in a European comparison: Tough sanctions most effective. DIW Weekly Report 38/2019: 338-344.

KNAUFF INDUSTRIES https://knauf-industries.es/objetivos-desarrollo-sostenible-industria-2030/

Linda C. Halgunseth et al, (2006) Parental Control in Latino Families: An Integrated Review of the Literature, 77 Child Development [Desarrollo del Niño]

Medina, Luis. (2018) NEGOCIOS FAMILIARES EN MÉXICO; GUÍA PARA EMPRESARIOS, INTRODUCCIÓN PARA CONSULTORES, MA Porrúa

Montiel, Ivan. *"Corporate Social Responsibility and Corporate Sustainability: Separate Pasts, Common Futures"*, 2008. http://oae.sagepub.com/cgi/content/abstract/21/3/245

ONU. https://digitallibrary.un.org/record/139811?ln=es

ONU. https://www.un.org/sustainabledevelopment/es/objetivos-de-desarrollo-sostenible/

PACTO MUNDIAL. https://www.pactomundial.org/que-puedes-hacer-tu/sostenibilidad-empresarial/

PACTO MUNDIAL. https://www.pactomundial.org/noticia/10-principios-17-ods/#:~:text=Los%2010%20Principios%20del%20Pacto,y%20gozan%20de%20consenso%20universal.

Peter L. Heller, (1976) Familism Scale: Revalidation and Revision, [Escala del Familismo: Revalidación y Revisión] 3 Journal of Marriage and Fam.

Renato Tagiuri y John Davis (1996), Bivalent Attributes of the Family Firm, "Family Business Review".

Strandberg, L. (2010). El Compromiso con los grupos de interés. Cátedra "la Caixa" de Responsabilidad Social de la Empresa y Gobierno Corporativo. //www.iese.edu/media/research/pdfs/ST-0321.pdf

Tiep Le, Thanh & Nguyen, Van Kah. (2022) The impact of corporate governance on firms' value in an emerging country: The mediating role of corporate social responsibility and organisational identification. Cogent Business & Management. 9: 2018907 https://doi.org/10.1080/23311975.2021.2018907

Hacia una aproximación de una definición del derecho concursal

ALBERTO AMOR MEDINA[1]

SUMMUM IUS ERGO SUMMA INIURA

Demasiado Derecho, luego entonces, su ineficacia e incumplimiento

Resumen: Se trata de un estudio de caso en el que se logra una aproximación original a la definición de derecho concursal enfocado al fenómeno jurídico económico que se produce cuando, un comerciante deja de pagar sus deudas y las consecuencias de su incumplimiento, es decir, en la forma de cómo repercuten en el crédito de los demás comerciantes que tienen relación de negocios con el comerciante deudor común, moroso, y cómo a estos últimos, les afecta en general su incumplimiento.

Palabras claves: DEFINICIÓN, METODOLOGÍA, DERECHO, CONCURSO, MERCANTIL.

Abstract: It is a case study in which an original approach to the definition of bankruptcy law is reached, focused on the economic legal phenomenon that occurs when a merchant stops paying its debts and the consequences of its default, that is, in the Form of how they impact on the credit of the other traders who have business relation with the merchant debtor, delinquent, and how to the latter, affects them in general their non-compliance.

Key words: DEFINITION, METHODOLOGY, LAW, COMPETITION, MERCANTIL.

1. INTRODUCCIÓN

El presente trabajo tiene por objeto hacer un análisis de diversas definiciones de autores connotados en la materia y establecer una

---

1 Doctor en Derecho por el Instituto de Desarrollo Jurídico y Dr. Por la Universidad Tepantlato y autor de la Ley de Concursos Mercantiles comentada por Editorial SISTA.

definición propia, así como un acercamiento de qué es y para qué sirve el Concurso Mercantil, sus finalidades y sus funciones.

2. APROXIMACIÓN A LA DEFINICIÓN DEL DERECHO CONCURSAL

Concurso Mercantil es el juicio que tiene como objeto aplicar los activos de un comerciante, personas físicas o morales, para realizar el pago a sus acreedores. Arcelia Quintana define el derecho concursal en los siguientes términos: "Es un procedimiento escrito, que debe ser, rápido y equitativo, que sirve para fortalecer la seguridad y convicción jurídica de todos los involucrados, que tiene como finalidad que el comerciante que incumple generalizadamente sus obligaciones de pago sea sujeto de negociación de pasivos o, en su defecto, a la venta de las unidades productivas o bienes que la integran para el pago de las referidas obligaciones."[2]

Para Carlos Felipe Dávalos Mejía, El único interés del accionante no es ni puede ser otro que el demandado sea declarado en Concurso, simple y exclusivamente porque es insolvente, es decir, carece de liquidez, el pago de sus deudas es procesalmente secundario y materialmente en su caso solo posterior y consecuencial, por tanto, las defensas que oponga el demandado no puede ser contra el crédito del actor, sino contra la existencia, en su realidad patrimonial, de los supuestos legales del Concurso, bajo la modalidad de probar que sí tiene liquidez suficiente, así, el demandado no se defiende contra el actor sino contra la ley y, por su parte, la pretensión del actor no es el pago, sino el concurso esta acción universal llamada acción de clase.[3]

Para Méjan Carrera, los orígenes históricos proceden de la figura del concurso que se debió a la creación de un mecanismo para asegurar el retorno de los créditos a los acreedores.

---

2 QUINTANA ADRIANO, Elvia Arcelia, *Concursos mercantiles doctrina ley jurisprudencia,* México, Porrúa, 2003, pp. 20.

3 DÁVALOS MEJÍA, Carlos Felipe, *Introducción a la ley de concursos mercantiles,* México, Oxford University Press, 2002, Colección de Textos Jurídicos Universitarios, pp. 20.

Uno de los elementos importantes que inciden en la fluidez del crédito es que los acreedores (financieros, proveedores, etcétera) tengan, además de un sistema de recuperación de créditos individuales eficiente, un sistema de insolvencia que les dé la seguridad de un proceso ordenado y eficiente de recuperación cuando hay concurso de acreedores. A esto da lugar a la protección del deudor.

"El proceso concursal debe permitir, al deudor afligido, la oportunidad de lograr una reestructuración de su empresa y de sus adeudos. Debe permitir también, que sus bienes sean valuados en conjunto para tener un mayor valor de retorno, de modo que no quede a merced de la voracidad del primer acreedor que llegue a ejecutarlo."[4]

Eduardo Castillo Lara, define el Concurso Mercantil, como una fase procedimental en la que, mediante su tramitación y comprobación de la actualización de los supuestos previstos en la ley, se declara y constituye a un comerciante en concurso mercantil. Este procedimiento es de naturaleza procesal sumarísima en la que, previo el desahogo de las pruebas de las partes y la emisión de un dictamen por parte de un visitador designado por el IFECOM (Instituto Federal de Especialistas en Concursos Mercantiles), se dicta sentencia: en la que se declara el concurso o no concurso mercantil del comerciante.[5]

Para Judith Saldaña Espinosa, es un "juicio universal que, versa sobre la totalidad de los bienes y derechos que constituyen el patrimonio de la empresa de un comerciante en incumplimiento generalizado de pagos y al que concurren todos los acreedores del comerciante en busca del reconocimiento y del pago de sus créditos, se hagan presentes o no. Tienen por objeto, determinar los bienes y derechos del comerciante deudor para satisfacer, en la media de lo posible, los créditos insolutos de acuerdo con la graduación y prelación que estipula la Ley de Concursos Mercantiles."[6]

---

4 MÉJAN CARRERA, Luis Manuel, *Concursos mercantiles ayuda de memoria*, México, Oxford University Press, 2010, Colección de Textos Jurídicos Universitarios, pp. 3.

5 CASTILLO LARA, Eduardo, *El concurso mercantil y su proceso*, México, Oxford University Press, 2007, Colección de Textos Jurídicos Universitarios, pp. 5.

6 SALDAÑA ESPINOSA, Judith, *Concursos mercantiles análisis y práctica, enfoque administrativo, financiero y contable*, México, Gasca Sicco, 2005, pp. 4.

Para Dasso Ariel, "el Concurso preventivo, que opera exclusivamente a instancias del deudor, dirigido a la obtención de un acuerdo por mayoría con los acreedores y cuyos alcances son oponibles a todos los acreedores comunes por causa o título anterior a la presentación con efecto novatorio."[7]

Joaquín Rodríguez y Rodríguez, le llama beneficio a la suspensión (artículo 428 de la Ley de Quiebras y Suspensión de Pagos, esta afirmación queda comprobada si se tiene en cuenta que:

"1. La declaración en suspensión impide la declaración en quiebra (artículos 410 y 394 Ley de Quiebras y Suspensión de Pagos);

2. El suspenso no pierde la administración de sus bienes (artículos 410 y 424 Ley de Quiebras y Suspensión de Pagos).

3. La suspensión concluye si el suspenso paga (428 de la Ley de Quiebras y Suspensión de Pagos).

4. Por la declaración en suspensión, el suspenso obtiene de derecho una moratoria en todos sus pagos que dura hasta la celebración del convenio y después de este, si así se hubiere pactado en el mismo (artículos 408 y 409 Ley de Quiebras y Suspensión de Pagos).

5. Las restricciones a la capacidad personal del quebrado no se producen en el caso de suspensión."[8]

A continuación esquematizamos en el siguiente cuadro los procedimientos metodológicos u operaciones Intelectuales que sigue el razonamiento del derecho concursal, según, Nava Bedolla.[9]

---

[7] DASSO A., Ariel, *Derecho concursal comparado,* Buenos Aires, Legis Argentina, 2009, t. 1, pp. 117.

[8] RODRÍGUEZ Y RODRÍGUEZ, Joaquín, *Derecho Mercantil,* tomo II, Décimo quinta Edición, Editorial Porrúa, México, D.F., 1980, nota 17, pp. 453.

[9] NAVA BEDOLLA, José, *Procedimientos metodológicos u operaciones intelectuales,* Seminario de tesis de doctorado, INADEJ.

1. Suma.	Combinar o añadir dos números para obtener una cantidad final o total. Proceso de juntar dos colecciones de objetos para obtener una sola.
2. Resta.	Operación de descomposición que consiste en, dada una cierta cantidad, eliminar una parte de ella y el resultado se conoce como diferencia. Operación inversa a la suma.
3. Multiplicación.	Suma abreviada. Operación aritmética de descomposición que consiste en sumar reiteradamente la primera cantidad tantas veces como indica la segunda.
4. División.	Operación que consiste en dividir un todo en sus partes.
5. Análisis.	Descomponer un todo en las partes que lo conforman.
6. Síntesis.	Reconstruir, volver a integrar las partes al todo.
7. Inducción.	Obtener conclusiones generales a partir de premisas que contienen datos particulares.
8. Deducción.	Obtener conclusiones particulares a partir de leyes generales.
9. Comparación.	Fijar la atención en dos o más objetos para descubrir sus relaciones o estimar sus diferencias o semejanzas.
10. Clasificación.	Agrupación de los elementos de un conjunto en subconjuntos, clases o conceptos clasificatorios que lo dividen en forma disyuntiva o exhaustiva.

Bajo la operación de comparación y descomposición de todas sus partes que lo conforman, podemos arribar a una síntesis o reconstrucción del todo para establecer una definición propia.

La definición de Arcelia Quintana se segmenta o se divide en los siguientes elementos:

Descomposición de los elementos (división de segmentar en todas sus partes)

1. *Juicio universal*

2. *Objeto.* Aplicar los activos de un comerciante.

3. *Finalidad.* Para el pago a sus acreedores.

4. *Función.* Procedimiento equitativo, a todos los involucrados.

5. *Causas.* Comerciante que incumple generalizadamente en sus obligaciones.

6. *Consecuencias.* Venta de las unidades productivas como unidad.

7. *Concurso Mercantil Ordinario y no especiales.*

La definición Carlos Felipe Dávalos Mejía:

1. Interés del accionante.

2. *Objeto.* Declarado en concurso.

3. *Causas.* Insolvente, es decir carece de liquidez al pago de sus deudas.

4. *Función.* Materialmente no se da contra el crédito del actor sino contra la existencia en su realidad patrimonial.

5. *Finalidad.* Supuestos del concurso Mercantil, bajo la modalidad de probar que tienen liquidez suficiente.

6. *Consecuencias.* Acción universal llamada de Clase.

La definición de Luis Manuel Méjan

1. *Objeto.* Mecanismo para asegurar el retorno de los créditos a los acreedores.

2. *Función.* Sistema de insolvencia que de seguridad a un proceso ordenado.

3. *Consecuencias.* Al deudor común afligido que le da oportunidad de lograr una reestructura.

4. *Características.* Bienes valuados para tener un mayor valor de retorno.

5. *Finalidad.* No quede a merced de la voracidad de un primer acreedor que llegue a ejecutarlo.

La definición de Eduardo Castillo Lara

1. *Consecuencias y Causas.* Procedimiento.

2. *Objeto, Finalidad y Función.* Comprobación de los supuestos de ley para que se declare y constituya el concurso a través del dictamen del visitador nombrado por el Instituto Federal de Especialistas en Concursos Mercantiles (IFECOM).

La definición de Judith Saldaña Espinosa:

1. *Consecuencias.* Juicio universal.

2. *Causas.* Para no desarticular el patrimonio de la empresa.

3. *Finalidad.* Incumplimiento generalizado.

4. *Objeto*. Concurrencia de Acreedores a través de reconocimiento de créditos.

5. *Función*. Satisfacción de créditos insolutos.

La definición de Áriel Dasso:

1. Concurso preventivo a instancias del deudor.
2. Acuerdo con la mayoría de acreedores.
3. Causa o título con efectos novatorios.

La definición de Joaquín Rodríguez y Rodríguez básicamente clasifica a la suspensión de pagos:

1. *Objeto*. La suspensión de pagos impide la declaración de quiebra.
2. *Característica*. El suspenso no pierde la administración.
3. *Finalidad*. Concluye si el suspenso paga.
4. *Función*. Moratoria que dura hasta la celebración del convenio.

Ahora paso a la segunda operación intelectual, que es la comparación, es decir la estimación de sus semejanzas y diferencias.

Los cinco primeros autores (Arcelia Quintana, Carlos Felipe Dávalos Mejía, Luis Manuel Méjan, Eduardo Castillo Lara y Judith Saldaña Espinosa) participan en ***semejanza del concepto incumplimiento generalizado de las obligaciones*** con los supuestos del Concurso Mercantil, Judith Saldaña Espinosa y Luis Manuel Méjan tienen otra ***similitud en evitar la voracidad del primer acreedor*** para la ejecución y no desarticulación del patrimonio de la empresa; lo que iguala a dos principios *par condictio creditorum* y atracción universal del procedimiento concursal, para tener la unicidad o integridad del patrimonio de la empresa.

La diferencia estriba, en la forma de la legislación concursal argentina y la anterior Ley de Quiebras y Suspensión de Pagos, con los anteriores autores el concurso es a solicitud o a instancia del deudor común, y la moratoria dura hasta la celebración del convenio, mientras que en la actual Ley de Concursos Mercantiles se establece un plazo para el periodo de conciliación.

Finalmente, paso a la tercera operación de síntesis que es reconstruir e integrar las partes en un todo y proponer una definición propia.

3. DEFINICIÓN PROPIA, DE ALBERTO AMOR MEDINA

El Concurso Mercantil puede definirse como un procedimiento de ejecución colectiva tendiente a superar el estado de impotencia patrimonial de un comerciante individual o social, para hacer frente a sus obligaciones y en caso de no serlo así, a través de la aprobación de un convenio con sus acreedores, proceder a liquidar el activo patrimonial, armonizando los intereses de sus acreedores.

Sirve y tiene como finalidad un orden armónico en el pago y la satisfacción en los intereses de los acreedores. Se aplica a los comerciantes que atraviesan un estadio de iliquidez.

Para justificar epistemológicamente la categoría construida se debe "considerar su orientación a través del supuesto filosófico de la dogmática, de donde se observa la realidad, como supuesto filosófico desde el que se puede afirmar que el sujeto, la conciencia cognoscente, aprende su objeto."[10]

El dogmatismo da por supuesto la posibilidad y la realidad del contacto entre el sujeto y el objeto. Es para él comprensible de suyo, que el sujeto, la conciencia cognoscente, aprende su objeto. Esta posición se sustenta en una confianza en la razón humana, todavía no debilitada por ninguna duda.[11]

En el pensamiento jurídico, cuando se menciona a la ciencia del derecho, se refiere a la dogmática jurídica, disciplina que tiene por objeto el ordenamiento sistemático de los conceptos jurídicos, pretende construir una teoría sistemática del derecho cognoscitivo sin formular sobre el mismo ningún juicio de valor convirtiéndola en una mera ciencia formal, teniendo como funciones la elaboración de un sistema conceptual que es la actividad del jurista encaminada a la realización de las funciones de interpretación aplicación y cambio del derecho vigente, es de carácter descriptiva del derecho positivo en un tiempo y espacio específico sobre el señalamiento de su realidad, es prescriptiva porque proporciona criterios para poder modificar el derecho.

---

10 *Idem.*

11 HESSEN, Juan, *Teoría del conocimiento,* Décima Sexta. ed., México, Porrúa, 2009, pp. 21.

Establece a través de etapas, siendo la primera la conceptualización de los textos legales, no hay más derecho que el ordenamiento jurídico a través de leyes válidamente dictadas y vigentes. Se vincula directamente con el positivismo y su función se limita a la interpretación mediante el método exegético, en esta parte se identifica el significado del término con el concepto referencial lo que conduce al establecimiento exacto por la ley (el concepto se establece en una categoría estable, indiscutible y de significación cerrada).

En la segunda etapa, propiamente la dogmatización, se fijan dogmas, principios y fundamentos (ejemplo: clasificación de los contratos y ciertos dogmas como la buena fe se presume, etcétera), y una tercera etapa que es propiamente la sistematización bien sea con una función descriptiva o con una función prescriptiva. En este sentido en el derecho concursal se establecen principios (Organización Colectiva de Acreedores, Par *Condictio Creditorum*, Unicidad e Integridad del Patrimonio, Unicidad y Generalidad del Procedimiento).

4. LOS FUNDAMENTOS TEÓRICOS CON QUE SE PROBLEMATIZARON LOS OBJETOS DE ESTUDIO

Como una premisa mayor, se establece de acuerdo con el artículo 2964 del Código Civil Federal el deudor responde el cumplimiento de sus obligaciones con todos sus bienes presentes y futuros.

Como premisa menor, dentro del régimen jurídico del cumplimiento de las obligaciones, cualquier acreedor puede ejecutar sobre el patrimonio del deudor por razón del principio de primero en tiempo, primero en derecho, excluyendo a los demás acreedores.

La relación causal de desarticular o desmembrar el patrimonio de la empresa de la unicidad o universalidad de hecho y de derecho, para ello bajo un estadio jurídico del concurso mercantil o de la quiebra, establece que todos los acreedores tengan un trato igualitario, "*par conditio creditorum*" en la concurrencia de acreedores y bajo la unicidad y generalidad del procedimiento.

5. PLANTEAMIENTO DEL PROBLEMA

El fenómeno jurídico económico que se produce cuando, un comerciante deja de pagar sus deudas y las consecuencias de su incumplimiento, es decir, en la forma de cómo repercuten en el crédito de los demás comerciantes que tienen relación de negocios con el comerciante deudor común, moroso, y cómo a estos últimos, les afecta en general su incumplimiento.

6. DESCRIPCIÓN DEL PROBLEMA

Bajo los factores de los hechos reales y fuerzas extrínsecas de poder de los sectores o agentes económicos que se mueven como un péndulo, es decir, a través de la Ley de Quiebras y Suspensión de Pagos, se protegía al deudor común en la moratoria legal o suspensión de pagos, creándose bajo la óptica de las instituciones financieras y el sector bancario un abuso por parte de los deudores, pasando el péndulo del otro lado: hacia una legislación protectora de los acreedores en la Ley de Concursos Mercantiles, desvinculando algunos principios rectores del procedimiento de quiebras, como es el juicio universal y de atracción o acumulación donde la realidad se mueve en función de los intereses de las instituciones financieras o acreedores en razón del sujeto o grupo de sujetos y su perspectiva.

La cuestión sería: ¿Cuál es la relación entre los principios de derecho concursal y el comerciante sujeto a quiebra? En otros términos: cuando el deudor común comerciante deja de pagar sus deudas y es demandado, ya sea la quiebra directa o el concurso mercantil y no se respeten los principios rectores del procedimiento concursal, o bien si es posible sostener, como actualmente se presenta, que los juicios mercantiles se lleven por separado, pero con la vigilancia del conciliador o síndico.

7. FACTORES RELACIONADOS CON EL PROBLEMA

7.1. Cambio de política económica gubernamental

Condiciones sociales y económicas que prevalecían en México en los años 40, época en la que estaba vigente la Ley de Quiebras y

Suspensión de Pagos, población que se ha multiplicado cinco veces y el producto interno bruto ha crecido en más de 15 veces, la participación de los sectores industriales y de servicio se ha incrementado significativamente.

7.2. *Problema de estructura de las empresas*

La forma de hacer negocios es distinta pasando de empresas comerciales o unipersonales, familiares a empresas más complejas y de carácter internacional transitando de una economía regional a una de tipo mundial.

7.3. *Economía regional en etapa de inserción a la economía mundial*

Las condiciones exógenas del Banco Mundial, del Banco Interamericano de Desarrollo, Fondo Monetario Internacional, para adaptar la legislación doméstica con la ley modelo de insolvencia transfronteriza, *United Nations Commission on International Trade Law* (UNCITRAL).

7.4. *Cambio del sistema de cesación de pagos al sistema de incumplimiento generalizado*

Condiciones que llevan a un empresario, de manera rápida e irremediable, a enfrentar problemas económicos y financieros incluso cuando ello sea motivado por un error de cálculo o previsión cometido por un empresario honesto, competente y próspero. La empresa, considerada como la organización de trabajo, bienes materiales e intangibles destinados a producir u ofrecer profesionalmente bienes y servicios al mercado, con fines lucrativos, puede tener éxito o bien encontrarse en serias dificultades que amenacen su supervivencia. La Quiebra de una empresa no trata de un incumplimiento singular y concreto de una obligación, *sino de un incumplimiento general, que afecta a todos los que tienen relación con la empresa; e igualmente afecta la supervivencia económica de los trabajadores que laboran en ella, de manera que su quiebra repercute en todo su entorno social.*

Cuando una empresa se ve imposibilitada para cumplir sus obligaciones líquidas vencidas y de plazo cumplido, frente a una pluralidad de acreedores, se corre el riesgo de que se dé una situación a través del cobro de acciones individuales por parte de sus acreedores en detrimento del valor total de la empresa, comunidad.

7.5. Referencia entre los factores relacionados con el problema

Política económica incorrecta por imposiciones del Banco Mundial a través de leyes modelo *United Nations Commission on International Trade Law* (UNCITRAL), en la cual la Ley de Concursos Mercantiles se aparta de los principios rectores del derecho concursal. En el ámbito práctico, las bondades y la aplicabilidad de que todos los juicios se acumulen al procedimiento concursal o si es posible sostener como actualmente se presenta en la Ley de Concursos Mercantiles, que los juicios se lleven por separado, pero con la vigilancia del conciliador y del síndico.

8. PREGUNTA DE INVESTIGACIÓN EN EL ENSAYO

¿Cuál es la relación por la que una empresa se fragmenta en su patrimonio por las ejecuciones individuales de sus acreedores y el principio universal de atracción o acumulación del Derecho Concursal?

Juicios que tengan contenido patrimonial, no se acumularán al Concurso Mercantil, sino que se seguirán por el comerciante bajo la vigilancia del conciliador.

Aproximación de solución.- Cualquier mandamiento de embargo o ejecución se suspende, salvo en los casos de excepción. Así todo juicio puede iniciarse y, en su caso, seguir tramitándose con toda normalidad ante el Juez que conozca de él, aunque, de conformidad con el artículo 65 de la Ley de Concursos Mercantiles,[12] se suspende la ejecución de mandamientos de embargo o ejecuciones contra bienes del comerciante declarado en concurso mercantil, salvo por los casos de excepción indicados en el artículo 84 Ley de Concurso Mercantiles. (Bienes objeto de prenda sin transmisión de posesión que existan en la masa, acreedores reconocidos con garantía real que no

12 AMOR MEDINA, Alberto, comentario la *Ley General de Concursos Mercantiles Editorial,* México, Sista, 2009, pp. 70 ss.

hubiesen participado en el convenio que se suscriba, bienes que no tengan contenido patrimonial no se acumularán, juicios en materia Civil / paternidad, etc., derecho familiar, resoluciones firmes dictadas en otros procedimientos, artículo 127 Ley de Concursos Mercantiles, embargos, etcétera).

Por lo que la regla no es absoluta, ya que en la Ley de Concursos Mercantiles y en otros ordenamientos se observan varios casos, en que pueden tramitarse juicios ante el juez de lo concursal e incluso llevar a cabo ejecuciones, no obstante de existir el Concurso Mercantil de un comerciante.

Adicionalmente, cabe señalar que en lo referente a la fracción II del Artículo 37 de la Ley de Concursos Mercantiles, que señala de la suspensión de todo procedimiento de ejecución contra los bienes y derechos del comerciante, ¿Qué sucede si ya hay sentencia con la categoría de cosa juzgada en contra del comerciante y se pretende suspender la ejecución?, ¿Cuál sería la cuestión de la constitucionalidad que afecta a través de la medida precautoria a terceros que no son parte en el procedimiento de Concurso Mercantil?, es más, adviértase la contradicción del artículo 169 en su fracción III de la mencionada ley, el cual estatuye:

"III. La orden a las personas que tengan en su posesión bienes del Comerciante, salvo los que estén afectos a ejecución de una sentencia ejecutoria para el cumplimiento de obligaciones anteriores al concurso mercantil, de entregarlos al síndico..."

Disposición ésta que tiene contradicción con el artículo 181 fracción III de la Ley de Concursos Mercantiles, el cual estatuye lo siguiente:

"Artículo 181.- La ocupación de los bienes, documentos y papeles del comerciante, se llevará a cabo de conformidad con las reglas siguientes:

III.- Se ordenará a los depositarios de los bienes que hubiesen sido embargados, así como a los que hubiere nombrado el juez del concurso mercantil al decretar medidas cautelares, que los ***entreguen inmediatamente al síndico****...*"

Existe una dicotomía y contradicción entre la fracción III del numeral en comento de bienes que se entreguen al síndico por parte de depositarios que hubieren sido designados con motivo de embargos, o bien de medidas cautelares obsequiadas por Juez de lo Concursal, con relación al artículo 169 en su fracción III de la referida ley, que establece bienes afectos a **ejecución de una sentencia ejecutoriada de obligaciones anteriores al concurso mercantil,** con aplicación del artículo 186 del referido ordenamiento. Todo ello, por la dicotomía que propicia el rompimiento de las reglas de la unicidad de bienes que conforman la masa del quebrado y la composición actual de la Ley de Concursos Mercantiles, que es muy laxa y se dispersa en ejecuciones individuales, vulnerando uno de los principios esenciales en materia de quiebra (que es el principio de atracción universal, de unicidad del patrimonio de la empresa y de generalidad del procedimiento), sin embargo existe tesis de la cual no estoy de acuerdo con ella, permitiéndola transcribir:

> **CONCURSOS MERCANTILES. EL ARTÍCULO 84, PÁRRAFO PRIMERO, DE LA LEY RELATIVA, AL IMPEDIR LA ACUMULACIÓN DE OTROS JUICIOS AL CONCURSAL, NO VULNERA EL DERECHO FUNDAMENTAL A LA SEGURIDAD JURÍDICA.**
>
> El citado artículo 84, párrafo primero, prevé que las acciones promovidas y los juicios seguidos por el comerciante, y las promovidas y los seguidos contra él, que se encuentren en trámite al dictarse la sentencia de concurso mercantil, que tengan un contenido patrimonial, no se acumularán al concurso mercantil, sino que se seguirán por el comerciante bajo la vigilancia del conciliador. Por otra parte, el numeral 127 de la Ley de Concursos Mercantiles establece que cuando en un procedimiento diverso se haya dictado sentencia ejecutoriada, laudo laboral, resolución administrativa firme o laudo arbitral anterior a la fecha de retroacción, mediante la cual se declare la existencia de un derecho de crédito contra el comerciante, el acreedor de que se trate deberá presentar al juez y al conciliador copia certificada de dicha resolución, para que el crédito correspondiente sea incluido en la lista provisional y final de créditos y, consecuentemente, en la sentencia de reconocimiento, graduación y prelación de créditos. Así, de dichos preceptos no se advierte incertidumbre alguna, pues ambos regulan supuestos distintos: uno el de los juicios ya terminados y otro el de los que se encuentran en trámite al declararse al comerciante en concurso mercantil. Por consiguiente, respecto de los juicios terminados, en los que ya existe una sentencia ejecutoriada, lo lógico es que ésta se presente como título justificativo del crédito para que se incluya en la lista de créditos que prepara el conciliador; sin embargo, es evidente que esa sentencia no puede presentarse cuando el juicio se encuentra en trámite simultáneamente con el procedimiento de concurso mercantil. En ese sentido, la propia Ley de Concursos Mercantiles obliga al conciliador a incluir en las listas provisional y definitiva de créditos, todos aquellos que puedan desprenderse de la contabilidad y documentación del comerciante, así como aquellos cuyo reconocimiento sea soli-

citado en los términos de los artículos 123 a 125 de la ley referida, incluyendo los impugnados o que son objeto de juicios cuyo trámite se realiza simultáneamente al procedimiento concursal, con el objeto de que todos los créditos se tomen en cuenta en dicha sentencia, y por consiguiente en el convenio de reestructuración (si se celebra), o en la quiebra, en su caso. Ahora bien, no obsta a lo anterior, el hecho de que en los juicios pendientes de trámite no haya un monto determinado en definitiva, pues el artículo 153 del citado ordenamiento obliga al conciliador a prever "reservas suficientes" para el pago de los créditos que estén sujetos a impugnación. De ahí que el artículo 84, párrafo primero, de la Ley de Concursos Mercantiles, al impedir la acumulación de otros juicios al concursal no desconoce, en perjuicio de las partes, el principio de universalidad y unicidad del concurso y, por tanto, no vulnera el derecho fundamental a la seguridad jurídica reconocido en el artículo 16 de la Constitución Política de los Estados Unidos Mexicanos, pues la propia ley contiene diversos preceptos encaminados a hacer efectivo dicho principio, de forma que la sentencia de reconocimiento de créditos que se emita contenga el reconocimiento de todos los que son a cargo del comerciante, independientemente de su situación particular; además, la universalidad radica en que el procedimiento concursal tome en cuenta todos los adeudos a cargo del comerciante, y no necesariamente en que los juicios vinculados a dichos créditos tenga que resolverlos el juez concursal.[13]

Amparo en revisión 349/2013. Expral, S.A. de C.V. 28 de agosto de 2013. Cinco votos de los Ministros Arturo Zaldívar Lelo de Larrea, José Ramón Cossío Díaz, Alfredo Gutiérrez Ortiz Mena, Olga Sánchez Cordero de García Villegas y Jorge Mario Pardo Rebolledo. Ponente: Jorge Mario Pardo Rebolledo. Secretaria: Rosa María Rojas Vértiz Contreras.

Esta tesis se publicó el viernes 21 de febrero de 2014 a las 10:32 horas en el Semanario Judicial de la Federación.

8.1. Razones por las cuales no se está de acuerdo con dicha tesis aislada

8.1.1. Porque los acreedores en la operación de liquidación del activo y el caudal de la quiebra tienen distinto tratamiento:

- **Acreedores concursales,** son todos los que forman parte de la masa pasiva, en el momento de la declaración de quiebra, les corresponde un derecho de crédito frente al quebrado, por

[13] Tesis aislada, 1ª, SCJN, *Semanario Judicial de la federación y su Gaceta*, Décima Época, t. I, febrero de 2014, p. 636.

lo que tienen derecho a cobrarse sobre el patrimonio de éste. Son acreedores, aún antes de que hayan presentado la demanda de admisión (en el pasivo); el convenio es obligatorio para todos ellos.

- **Acreedores concurrentes,** son aquellos que han demandado el ***reconocimiento de un crédito*** en la quiebra, y de este modo han llegado a ser partes en el correspondiente proceso de reconocimiento. Las dos categorías, de concúrsales y concurrentes, están destinadas a coincidir, pero sólo, éstos últimos, ***en la medida en que hayan sido reconocidos participarán en la distribución*** y tendrán voto en las asambleas (por cuestión de deficiente técnica jurídica fue desaparecida la junta de acreedores).
- **Acreedores privilegiados**, son aquellos cuyo crédito está dotado de un privilegio nacido antes de la quiebra. Se contraponen, por esto, a los quirografarios que carecen de él.

De manera que es inocuo pensar que solamente los acreedores reconocidos tengan derecho a un crédito, puesto que puede haber créditos pendientes para posterior resolución y aquellos morosos en su reconocimiento.

NOTA.- Sin que sea correcto el argumento que se utiliza en la tesis en razón del artículo 122 de la Ley de Concursos Mercantiles, que estatuye tres períodos para el reconocimiento, el primero de ellos dentro de los 20 días naturales siguientes a la fecha de la última publicación de la sentencia, el segundo de ellos, dentro del plazo para formular objeciones a la lista provisional de créditos, hasta aquí no hay problema alguno, y el tercero dentro del plazo de interposición (9 días) al recurso de apelación en contra de la sentencia de reconocimiento, graduación y prelación de crédito.

NOTA 2.- Mediante el procedimiento de reconocimiento de crédito se tiene la posibilidad de participar en la distribución del activo al importe de la liquidación, la acción de cada acreedor contra el deudor común se delimita contra el pasivo del comerciante y el activo a repartir, por lo tanto, con una falta de técnica legislativa ¿cómo puede darse paso, una vez dictada la sentencia de reconocimiento, graduación y prelación a determinar en segunda instancia esas solicitudes que no están incluidas? (el Tribunal de Alzada juzga sobre elementos distintos al que se pronunció el Juez de Distrito).

8.1.2. El artículo 125 de la mencionada ley tiene como finalidad dar a conocer al Conciliador, al Juez y a los demás acreedores las características de crédito de cada acreedor que vaya al reconocimiento, sin embargo, no todos los acreedores concurren o no es su deseo participar en el procedimiento del reconocimiento de créditos.

NOTA 3.- En el supuesto en que deseen concurrir, deberán anexar a su solicitud de reconocimiento los originales de los documentos para poder establecer la existencia de dicho crédito, o en su caso de no tenerlos en su poder indicar el lugar en donde se encuentren (fracción III del artículo 1061 del Código de Comercio).

- Sin embargo, el artículo 127 de la Ley de Concursos Mercantiles señala una excepción a la regla general respecto del reconocimiento que no se solicita ante el Conciliador, ni se sujeta a solicitud de reconocimiento que es de aquellos de fecha anterior a la retroacción del concurso o quiebra en que ha quedado firme la resolución en un procedimiento distinto al del concurso en contra del comerciante, y en ese caso sólo se debe de presentar ante el Juez y el Conciliador copia certificada de la resolución (ver infra el tema de la dicotomía del artículo 169 fracción III, 181 fracción III y 37 fracción II, todos ellos de la Ley de Concursos Mercantiles anteriormente tratados con la ejecución misma de esa sentencia) todo ello por no presentar el principio de unicidad y universalidad.

NOTA 4.- No existe un plazo para presentar al Juez y al Conciliador copia certificada de la resolución obligando a realizar una labor de integración y pudiera pensarse que deba hacerse antes de que venza el plazo para que el Conciliador presente al Juez la lista definitiva de reconocimiento de créditos conforme al artículo 130 de la mencionada ley.

NOTA 5.- Para el caso de que no decidieron concurrir al procedimiento de reconocimiento, ¿perderían el derecho a ser reconocidos como acreedores?, no existe disposición especial que no les dé derecho a acogerse a la regla general de solicitar su reconocimiento de crédito durante el término de interponer el recurso de apelación contra la sentencia de reconocimiento, graduación y prelación de crédito, ¿y qué sucede si también transcurrió ese plazo? Sería moroso y precluiría su derecho como se daba el tratamiento en la anterior Ley de Quiebras.

¿Cuál sería el tratamiento sino está dentro de la contabilidad del comerciante? Sería un crédito no concurrente y no concursal (un crédito no reflejado en cuentas de orden como pasivo contingente en donde pudiera haber sido aval, obligado solidario y que por alguna razón no se registró en la contabilidad) ¿cómo computaría para los efectos del artículo 88 de la mencionada Ley de Concursos Mercantiles para el efecto de determinar la cuantía del crédito en que se tengan por vencidas las obligaciones pendientes, etcétera?

8.1.3. Por cuanto al grado se presenta el problema de los créditos hipotecarios en moneda extranjera y en moneda de curso legal, en la manera de convertirse a UDIS en tratamiento distinto a los de moneda extranjera.

8.1.4. Si atendemos a lo dispuesto por el artículo 130 de la Ley de Concursos Mercantiles sobre el contenido de la lista definitiva la sentencia de reconocimiento, graduación y prelación de créditos ***debería únicamente considerar los créditos que fueron objeto de solicitud,*** en cambio, si se considera también la lista provisional de contemplar aún los créditos cuyo reconocimiento no fue solicitado (pero que estén en la contabilidad). ¿Cuál sería la postura adecuada? Mi opinión es que deben ser consideradas también las que no fueron objeto de solicitud de reconocimiento.

8.1.5. Finalmente, en lo que se refiere a la última parte de la tesis de la Corte que se critica, cabe decir que, las sentencias definitivas y que causen ejecutoria se exhiben para su pago y no en cuanto su reconocimiento y graduación en el momento oportuno de la distribución del activo, y no para su desarticulación y ejecución de manera individual (universalidad de hecho y de derecho). Por lo que se refiere a la reservas, estás operan en relación al convenio más no en el proceso de ejecución individual que se pretendan hacer, desarticulando a la empresa, porque como está redactado el artículo 84 de la Ley de Concursos Mercantiles, indican que se seguirán bajo la vigilancia del Conciliador y éste no necesariamente es abogado para dar seguimiento a los juicios autónomos e independientes del concurso mercantil, de forma tal, que contrario al razonamiento de la tesis en cuestión se vulnera el principio de seguridad jurídica.

> "Las ideas superiores que deben inspirar al Derecho se refieren a los fines que mediante él deban ser cumplidos. Es más, un ordenamiento jurídico no estará justificado, sino en la medida en que cumpla los valores superiores que deben servirle de orientación. Pero lo jurídico del Derecho no radica en esos valores, sino en la **forma de su realización a través de él**. Lo jurídico no es un fin, sino un especial medio puesto al servicio de la realización de fines varios. Hay fines sociales, que en principio bien pudieran ser perseguidos por medios ajenos a lo jurídico: educación, apostolado, propaganda, iniciativa privada, etc. Ahora bien, cuando a una colectividad le interesa asegurar la realización de determinados fines, entonces los recoge en normas jurídicas, esto es, impone su cumplimiento de manera inexorable".[14]

Son las reglas del juego preestablecidas y se substraen del concepto de valor.

> "Lo que es justo y lo que es injusto de modo universalmente válido, la reducción de la validez a la justicia solo puede llevar a una grave consecuencia: a la destrucción de uno de los valores fundamentales y básicos para el derecho positivo (entiéndase el derecho válido), el valor de la certeza. En efecto, si la distinción entre lo justo y lo injusto no es universal, hay que plantearse este problema: ¿a quién corresponde establecer lo que es justo y lo que es injusto? Hay dos respuestas posibles: a) corresponde a quien o a quienes tienen el poder; pero esta respuesta es aberrante, porque en este caso si bien se conserva la certeza del derecho, se convierte la doctrina que resuelve la validez en justicia en la doctrina completamente opuesta, esto es, en la que resuelve la justicia en validez, desde el momento que reconoce como justo lo que es ordenado; b) corresponde a todos los ciudadanos; en este caso, puesto que los criterios de justicia son diversos e irreductibles, al ciudadano que desobedeciere la ley por considerarla injusta, y por injusta inválida, los gobernantes no podrían objetar nada, y la seguridad de la convivencia social dentro de la ley quedaría completamente destruida".[15]

---

14 DEL VECCHIO Y RECASENS Siches, *"Filosofía del Derecho TOMO I"*, Union Tipográfica Editorial Hispano-Americana, Tercera Edición, México 1946, pp. 235.

15 BOBBIO, NORBERTO, *"Teoría General del Derecho"*, Editorial Temis, Santa Fe de Bogotá- Colombia, 1992, pp. 29.

De manera que, las reglas del juego en este tipo de procedimientos es evitar que se desarticule la empresa a través de ejecuciones individuales.

8.2. Hipótesis que se demuestra a continuación

El patrimonio de la empresa y su fragmentación por las ejecuciones individuales de sus acreedores está directamente relacionado con la falta de aplicación del principio universal de atracción o acumulación del derecho concursal o, dicho de otra manera, la ausencia de los principios rectores genera la incertidumbre jurídica a los acreedores dentro del proceso concursal y fuera de éste.

8.3. Objetivo general

Comprender la relación que existe entre el Patrimonio de la Empresa y las ejecuciones individuales de sus acreedores, con el principio universal de atracción o acumulación del derecho concursal, con la finalidad de preservar la *Unicidad* y Universalidad del Patrimonio de la Empresa o, señalado de otra forma, la ausencia de los principios rectores del derecho concursal trae como consecuencia que no se garantizan los derechos de los acreedores, otorgándose privilegios y desventajas / trato igualitario a los acreedores, que es el principio en este tipo de juicios.

8.4. Objetivos particulares

Describir el fenómeno de prenda tácita del deudor. (El deudor cumple frente a sus acreedores con todos sus bienes presentes y futuros), y la relación *priore in tempore, priore in iure.*

8.5. La empresa y su patrimonio

El principio de Derecho Concursal *par conditio creditorum* (bajo el estadio jurídico de aplicación de norma especial concursal).

En razón de la relación que existe entre el patrimonio de la empresa sujeta a Concurso Mercantil o Quiebra, con el principio universal de atracción o acumulación del derecho concursal para preservar la unicidad y universalidad del Patrimonio de la Empresa.

9. ETAPAS DEL CONCURSO MERCANTIL

9.1. Crítica a la denominación de la etapa sucesiva

No es cierto que al efecto existan dos etapas de conciliación y quiebra, toda vez que *el legislador ha introducido una primera fase preliminar, es decir, pre concursal, pasos o procedimientos para declarar el concurso mercantil que concluye con la Sentencia que declara el Concurso, una segunda etapa, que es de conciliación y una tercera etapa de quiebra o liquidación.*

En el Seminario de Extensión Universitaria del ITAM en el análisis de la Ley de Concursos Mercantiles, así como en el Seminario de Actualización de la Legislación Mercantil Mexicana, en la Facultad de Derecho a través de su división de Educación Continua, la Fundación Escuela Nacional de Jurisprudencia A.C. y el Colegio de Profesores de Derecho Mercantil, los expositores Dr. Fabián Mondragón Pedrero y la Dra. Susana León González, establecieron que no constituyen etapas que sean *sucesivas.*

a) De Conciliación, no constituye etapa sucesiva en la legitimación cuando el propio comerciante solicite directamente la quiebra, artículo 167 fracción I Ley de Concursos Mercantiles, sin embargo, en la reforma publicada en el D.O.F. del diez de enero del dos mil catorce, artículo 21 de la mencionada ley "El comerciante podrá solicitar el concurso mercantil, iniciando directamente en etapa de quiebra" (cuando es solicitud de quiebra no se requiere el periodo de la visita con la sola opinión de expertos, por lo que se refiere al artículo 168 de la mencionada ley y cuando es demandada la quiebra si se requiere del periodo de la visita)/ art. 21 infine.

b) La Quiebra en la cual no deviene de una etapa de conciliación, a título de guisa la referente, al título octavo capítulo segundo, artículo 249 "cuando se declare el concurso mercantil de una Institución Financiera, el procedimiento se iniciará en todos los casos en la etapa de quiebra", por lo tanto, no existe al efecto etapa sucesiva de conciliación.

El 10 de enero del 2014 se publicó el decreto del Diario Oficial, reformas a la Ley de Instituciones de Crédito sobre Liquidación Judicial Bancaria.

En cuanto al capítulo tercero de las Instituciones Auxiliares de Crédito, el artículo 258 señala: "Declarado el concurso mercantil, la Comisión Nacional Bancaria y de Valores, en defensa de los intereses de los acreedores, podrán solicitar que el procedimiento se inicie en la etapa de quiebra, o bien la terminación anticipada de la etapa de conciliación, en cuyo caso el juez declarará de plano la quiebra."

De una sana interpretación en lo dispuesto por el artículo 21 de la Ley de Concursos Mercantiles, se desprende como presupuesto para que se declare la sentencia de quiebra, el que se requiera previamente la declaración del Estado Jurídico de Concurso Mercantil, y esto es así, en virtud de que la fracción I del citado numeral pueden presentarse dos hipótesis normativas:

a) Procedencia de la declaración de concurso mercantil, excitativa por parte de un acreedor, el Ministerio Público y proceder a iniciar la etapa de conciliación, ya dentro de esta etapa de procedimiento, el comerciante podrá pedir o solicitar su declaración de quiebra, y en este caso se dictará de plano la sentencia.
b) Puede suceder que se declare al comerciante en quiebra, pero sin la apertura de la etapa de conciliación, esto en relación con el artículo 43 fracción IV de la Ley de Concursos Mercantiles, con la etapa *de apertura de conciliación,* salvo que el propio comerciante lo haya solicitado.

¿Cuál fue la razón para el legislador de sujetar o condicionar una etapa sucesiva a la otra, si el propio comerciante en ejercicio de su derecho de acción puede solicitar por sí mismo la quiebra? ¿Por qué obligar en el ejercicio de la acción como facultad de provocar la actividad del órgano jurisdiccional para hacer valer una pretensión y obtener del estado una sentencia de tutela? ¿Por qué sujetar a la declaración de quiebra a un procedimiento previo de concurso mercantil?

La Suprema Corte de Justicia se ha pronunciado sobre la inconstitucionalidad de aquellos procedimientos con requisito de procedibilidad, *previa* de agotar como lo era en el trámite administrativo en materia de la anterior ley de seguros a guisa de ejemplo, el artículo

135 de la Ley de la materia, antes de poder acudir a los Tribunales de Justicia.

En esa virtud, obligar al peticionante de quiebra previamente a su declaración, el sujetarse a un procedimiento previo de concurso mercantil.

Lo cierto es, que tal parece que como medida protectora, el legislador quiso pensar que para evitar que cualquier comerciante se pueda colocar en forma directa en estado de quiebra y evadir así sus obligaciones frente a sus acreedores, en una situación anormal en detrimento de éstos, aún en el caso de que no se actualicen los extremos a que aluden los artículos 9o., y 10° de la Ley de Concursos Mercantiles, y le convenga ir directamente a la quiebra, para liquidar su activo en condiciones más ventajosas y en moneda de quiebra.

Como crítica sana, cabe decir, que no es lo mismo activo disponible, como lo establecía la ley francesa, que activo líquido o concursal.

Al respecto, puede pensarse el tratamiento que establece el artículo 229 de la Ley General de Sociedades Mercantiles de los supuestos para la liquidación de una sociedad mercantil.

I.- Por expiración del contrato social.

II.- Por imposibilidad de realizar el objeto social, o quedar consumado. III.- Por acuerdo de socios.

IV.- Porque el número de accionistas llegue a ser inferior al que la ley establece (sociedad unimembre) D.O.F. 14 de enero del 2014 Ley de Fondos de Inversión/ Sociedades de Acciones Simplificadas.

V.- Pérdidas de las dos terceras partes del capital social.

9.2. Los presupuestos de la Ley de Concursos Mercantiles.

Artículo 10 de la Ley de Ley de Concursos Mercantiles.

1) Obligaciones vencidas.

a) Treinta o más días de vencidos.

b) 35% o más del total de las obligaciones.

c) De la relación de activos concursales inferiores al 80% del total de las obligaciones vencidas (caja y bancos, cuentas por cobrar a menos de 90 días, inversiones y valores a menos de 90 días).

Lo que constituye diametralmente opuesto, lo es por un lado el capital social, que no es lo mismo que patrimonio, con el activo concursal, porque puede haber liquidación de una sociedad sin quiebra y viceversa, quiebra de una sociedad en liquidación.

De manera que, condicionado el ejercicio de la acción en la declaración de quiebra, lo sea la etapa de sentencia de concurso mercantil, constituye una exigencia excesiva y perversa.

En nuestro sistema procesal no hay calificación del concursado como en el procedimiento español, por manera que se presume su buena fe, salvo que algún acreedor intente acción por dolo o fraude y quedará así evidenciada la mala fe.[16]

Por otro lado, el artículo 197 de la Ley de Concursos Mercantiles señala que, *declarada la quiebra, aun* cuando *no hubiere concluido el reconocimiento de créditos, el síndico procederá a la enajenación de bienes y derechos que integre la Masa.*

Lo cual constituye una falta de técnica legislativa, porque para proceder a tal extremo, la sentencia debe quedar firme (la que ya no puede ser impugnada por recurso ordinario, cosa juzgada formal y material, recurso extraordinario, juicio de amparo) artículo 356 del Código Federal de Procedimientos Civiles, es decir, puede darse el caso de un deudor común que le sea declarada la sentencia de concurso mercantil, apele a esta, se vaya a la segunda instancia en materia federal y por la naturaleza de la interlocutoria se interponga al amparo indirecto y luego se tramite el recurso de revisión y paralelamente se siga el procedimiento, no se llegue al convenio propuesto por el conciliador y se le declare la quiebra, mismo proceso de apelación contra la que decreta la quiebra, la apelación que se ventile ante el Tribunal Unitario, amparo indirecto y posteriormente el revisión, y mientras tanto, se substancia en forma paralela cada uno de ellos, *el síndico proceda a la enajenación de bienes, todo ello por la falta de seguridad jurídica* de establecer la sentencia con el carácter de firme en que no se pueda proceder a la siguiente etapa, o bien, sin que se hubiere concluido el reconocimiento de crédito, lo cual es de vital importancia, porque a través de ellos se determinará la exacta dimensión de

---

16 PARRY & PARRY, *El concurso civil de acreedores* (Concurso civil y quiebra) Buenos Aires, Argentina, Plus Ultra, 1967, pp. 98.

los créditos concurrentes para el cómputo en la *distribución del activo,* como en la anterior legislación atinadamente se preveía que *no se podía pasar a la etapa siguiente sin que estuviesen aprobados todos los créditos, así se desprende de la lectura del artículo 247 de la Ley de Quiebras y Suspensión de Pagos,* en conclusión, cabe la posibilidad *de facto* y *de jure,* de *enajenar bienes del quebrado, sin que su situación de quiebra* o en su caso previa de concurso, puedan darse los extremos de procedencia del concurso mercantil, *como es la no calidad de comerciante, la no calidad de acreedor o los extremos de los supuestos que enuncian los artículos 9 y 10 de la Ley de Concursos Mercantiles, y sea revocada la sentencia de concurso, pero ya hubo enajenación de bienes, con grave y notorio perjuicio del comerciante social o individual, violentándose la garantía del debido proceso que establece el artículo 14 constitucional en un acto de privación de la propiedad en su nota de proceso y juicio.*

Reforma a la Ley de Concursos Mercantiles enviado por el Ejecutivo Federal en forma conjunta a las reformas financieras en su artículo 21 párrafos II y III, hoy publicada en el diario oficial del 10 de enero de 2014, señala lo siguiente:

"Artículo 21…

…

Asimismo uno o más acreedores de comerciante podrán demandar el Concurso Mercantil iniciando directamente la etapa de quiebra. El Juez, en caso de que el comerciante se allane a la pretensión contenida en la demanda interpuesta y previo dictamen del incumplimiento generalizado en el pago de las obligaciones del comerciante, dictará en su caso, la sentencia de Concurso Mercantil en etapa de Quiebra.

En el supuesto de que el comerciante no se allane a la solicitud a que se refiere el párrafo anterior, el procedimiento de concurso mercantil iniciará en la etapa de conciliación la cual se tramitará en los términos de esta ley."

El comentario que amerita este artículo es el siguiente:

a) Solamente tienen legitimación los acreedores del comerciante ya sea individual o social (para ir directamente a la etapa de quiebra/liquidación ordenada de bienes).

b) En caso de que el comerciante se allane a la pretensión contenida en la demanda interpuesta por los acreedores (requisito previo el de allanamiento, así como el del dictamen previo de incumplimiento generalizado).

c) Dictará la sentencia de Concurso Mercantil en etapa de quiebra.

Nota: Participan de dos naturalezas, totalmente distintas la sentencia de concurso mercantil y la sentencia de quiebra, las cuales constituyen una falta de técnica legislativa.

10. ESTRUCTURA DEL CONCURSO MERCANTIL

10.1. Estructura del proceso concursal

1. Solicitud del comerciante, de algún acreedor, o del Ministerio Público.

2. Ante Juez Federal de Distrito (Admite, Previene o Desecha).

3. El promovente garantiza honorarios del visitador (excepto el Ministerio Público).

4. Remite copia de la demanda (Autoridades Fiscales, Instituto Federal de Especialistas en Concurso Mercantiles).

5. El Instituto Federal de Especialistas en Concurso Mercantiles, informa al Juez sobre la designación del visitador.

6. El visitador informa al Juez su lista de auxiliares y realiza la visita al comerciante (dentro de los cinco días a la orden del Juez).

7. Sugiere providencias precautorias.

8. Presenta dictamen al Juez, dentro de los 15 días naturales a partir de la fecha del inicio de la visita más una prorroga optativa de 15 días.

9. El Dictamen se pone a la vista del Comerciante, Acreedores y Ministerio Público, diez días de alegatos por escrito.

10. Al vencimiento dentro de los 5 días se dicta sentencia (improcedencia de Concurso o declara el Concurso Mercantil).

11. En cuanto al comerciante, paralelamente se notifica la demanda del acreedor para que conteste en nueve días.

Opciones:

a) Contesta la demanda.

b) No contesta la demanda. Si no contesta la demanda en los 5 días el Juez declarará el Concurso Mercantil.

12. Si contesta la demanda se da vista al actor o acreedor para que manifieste lo que a su derecho convenga y amplíe sus pruebas (con las excepciones).

13. Contestada la demanda en los nueve días y ofrecidas las pruebas con la opinión de expertos en prueba documental, únicamente podrá desvirtuar cesación de pagos (extremos de incumplimiento artículos 9°, y 10° Ley de Concursos Mercantiles).

14. Declarado el Concurso Mercantil se suspenden los procedimientos administrativos de ejecución, salvo los de carácter laboral.

15. Separación de bienes de la masa que no pertenecen al comerciante.

16. Inscripción de la sentencia en el Registro Público de Comercio.

17. Administración del comerciante, salvo la remoción que pida el conciliador (artículos 80 y 81 Ley de Concursos Mercantiles).

18. Reconocimiento de créditos ante el conciliador, lista provisional y lista definitiva.

19. Conciliación: Si se celebra convenio con acreedores, concluye el procedimiento. Si no se celebra el convenio, se declara la quiebra.

20. Al Síndico le son entregados los bienes, emite dictamen en contabilidad, realiza balance a la toma de posesión, enajena activos que integra la masa a través del procedimiento de subasta, hace graduación de créditos, determina su prelación y paga acreedores reconocidos.

10.2. Efectos de la sentencia de concurso mercantil

1. Orden al comerciante de no realizar pagos por deudas asumidas.

2. Créditos fiscales continúan causando actualizaciones, multas y accesorios, si se llega a un convenio se cancelan las multas y accesorios.

3. No se pueden trabar embargos ni realizar ejecuciones.

4. Embargo de autoridades laborales por salarios, sueldos, indemnización de dos años anteriores inmediatos a la declaración de Concurso Mercantil.

5. Bienes que no pertenecen a la masa se pueden separar.

6. Juicios pendientes no se acumulan, se siguen por el comerciante bajo la vigilancia del conciliador, salvo la remoción del comerciante.

7. Las obligaciones se tienen por vencidas, capital y accesorios en moneda nacional dejan de generar intereses y se convierten en UDIS (unidad de cuenta) excepto las de garantía real (tratamiento distinto de aquellas que estén en moneda extranjera).

10.3. Órganos del concurso mercantil

10.3.1. Juez

1.- Dictar sentencia de concurso mercantil, quiebra y de reconocimiento de créditos.

2.- Providencias precautorias.

3.- Resolver Incidentes.

4.- Autorizar convenio.

5.- Medidas para la conservación de la masa.

6.- Resolución para la inmediata ocupación de libros, papeles y documentos del comerciante.

10.3.2. Visitador

1.- El Instituto Federal de Especialistas en Concurso Mercantiles, lo designa. 2.- Dictamina el incumplimiento generalizado del comerciante.

3.- Sugiere medidas precautorias.

10.3.3. Conciliador

1.- Notificar a los acreedores (tres días a su nombramiento). 2.- Procurar un convenio.

3.- Solicitar al Juez, previa opinión de los interventores, el cierre de la empresa.

4.- Determinar el pasivo del comerciante, presentar lista provisional y definitiva de créditos.

5.- Solicitar la remoción del comerciante en la administración.

6.- Apelar la sentencia de reconocimiento de créditos.

7.- Recomendar la realización de estudios de viabilidad y avalúos.

8.- Oponerse a la ejecución de contratos, convocar a los órganos de gobierno del comerciante social.

10.3.4. Síndico

1.- Hacer del conocimiento su designación.

2.- Inscribir la sentencia en el Registro Público de Comercio.

3.- Diligencia de ocupación y toma de posesión de los bienes.

4.- Administración de bienes del comerciante.

5.- Dictamen en contabilidad.

6.- Inventario y balance de la empresa.

7.- Enajenación de bienes activo y remate. 8.- Lista de acreedores que serán pagados. 9.- Informe bimestral.

10.3.5. Interventor

1.- Representar a los acreedores.

2.- Vigilar al conciliador, síndico, así como los actos del comerciante.

3.- Gestionar la notificación y publicidad en el concurso mercantil.

4.- Examinar los documentos del comerciante, previa solicitud del conciliador.

5.- Solicitar al conciliador y síndico, informe sobre la administración.

De tal suerte, quienes tienen legitimación para la solicitud de concurso mercantil en primer término es el propio comerciante, en segundo lugar, cualquier acreedor y en tercer punto el Ministerio Público. *Si dentro de un juicio mercantil el Juez instructor advierte algunos de los supuestos del Concurso Mercantil podrá poner del conocimiento al Ministerio Público y a la autoridad fiscal. Para tales efectos ver artículo 21 de la Ley de Concursos Mercantiles.

De la lectura del artículo 30 de la Ley de Concursos Mercantiles se desprende:

Objeto de la visita:	
Dictaminar si el Comerciante incurrió en los supuestos del artículo 10 de la Ley de Concursos Mercantiles. Sugiera al juez las providencias precautorias para conservar la masa. Señalar si se está en el caso de alguna empresa controlada o controladora.	
El visitador deberá acreditar su nombramiento e identificarse al igual que sus auxiliares. Tendrá acceso a los libros documentos o cualquier medio en donde conste la situación financiera del comerciante.	
Al comerciante que no colabore con la visita se le impondrá las medidas de apremio correspondientes, inclusive la declaración de concurso mercantil.	
Al finalizar la visita, el visitador levantará acta en la que se harán constar los hechos u omisiones en que hubiere incurrido el comerciante y que deberá contener las siguientes formalidades: Ante dos testigos designados por el comerciante, en caso de negativa del comerciante, ante el secretario de acuerdos del juzgado. En ambos casos, los comparecientes deberán firmar el acta respectiva. El visitador y sus auxiliares podrán reproducir cualquier medio de documentación para que sea anexada al acta.	Citación para firma de los testigos con 24 horas de anticipación.
El visitador podrá solicitar al juez para que dicte las providencias precautorias con el objeto de proteger la masa.	
El visitador deberá de rendir un dictamen en los *formatos* que para tal efecto de a conocer el Instituto Federal de Especialistas en Concursos Mercantiles. (IFECOM)	15 días contados a partir de la visita.
El juez pondrá a la vista el dictamen a las partes para que presente sus alegatos correspondientes.[17]	10 días.

17 *NB*: Para el desarrollo de la visita y dar cumplimiento al artículo 33 de la Ley de Concursos Mercantiles, se presenta el problema de que el visitador acude como auxiliar en la impartición de justicia adscrito al Instituto Federal de Especialistas en Concursos Mercantiles, sin tener fe pública para iniciar la práctica de visita y

Al finalizar la visita, el visitador levantará acta en la que se harán constar los hechos u omisiones en que hubiere incurrido el comerciante y que deberá contener las siguientes formalidades: Ante dos testigos designados por el comerciante, en caso de negativa del comerciante, ante el secretario de acuerdos del juzgado. En ambos casos, los comparecientes deberán firmar el acta respectiva. El visitador y sus auxiliares podrán reproducir cualquier medio de documentación para que sea anexada al acta.	Citación para firma de los testigos con 24 horas de anticipación.
El visitador podrá solicitar al juez para que dicte las providencias precautorias con el objeto de proteger la masa.	
El visitador deberá de rendir un dictamen en los *formatos* que para tal efecto de a conocer el Instituto Federal de Especialistas en Concursos Mercantiles. (IFECOM)	15 días contados a partir de la visita.
El juez pondrá a la vista el dictamen a las partes para que presente sus alegatos correspondientes.[16]	10 días.

11. CONCLUSIONES

Primera.- El Concurso Mercantil puede definirse como un procedimiento de ejecución colectiva, tendiente a superar el estado de impotencia patrimonial de un comerciante, para poder hacer frente

---

verificación para que pueda accesar o entrar a las oficinas del comerciante de la práctica de la visita, y el primer problema surge con delimitar con qué persona va a entender la visita:
En este caso el representante legal y si no lo encuentra deberá dejar citatorio, sin estar dotado de fe pública y si sufre alguna obstrucción o negativa de dar información o proporcionar libros de contabilidad por parte del comerciante o de su personal, debe así manifestarlo al Juez solamente justificado por su propio dicho, debe acudir al órgano jurisdiccional para solicitar que le acompañe un actuario a fin de practicar la visita con el debido apercibimiento de obtener una providencia con medidas de apremio, etcétera, y posteriormente hacer efectivo el procedimiento de declarar el concurso mercantil, debiéndose levantar al efecto un acta de hechos u omisiones sobre hechos pasados que fueron ocurridos durante la práctica de la visita y sólo en caso de negativa debe aportar testigos por parte del comerciante, es cuando puede atenderse a esta circunstancia; la sugerencia y reforma consistiría en que desde un inicio a la práctica de la visita se acompañe del personal del juzgado dotado de fe pública.

a sus obligaciones en una primera fase a través de la aprobación de un convenio de no alcanzarse este para proceder a liquidar el activo patrimonial armonizando los intereses de sus acreedores.

Sirve y tiene como finalidad, un orden en el pago y se aplica a los comerciantes que atraviesan un estadio de iliquidez.

Segunda.- Como actualmente se encuentra estructurada la ley concursal, por no respetar en su totalidad el principio par *condictio creditorum* y de unicidad en el procedimiento y en el patrimonio de la empresa, genera una incertidumbre a los acreedores.

12. BIBLIOGRAFÍA

AMOR MEDINA, Alberto, comentario la *Ley General de Concursos Mercantiles Editorial*, México, Sista, 2009, páginas, 5-110

BOBBIO, NORBERTO, *"Teoría General del Derecho"*, Editorial Temis, Santa Fe de Bogotá-Colombia, 1992, página 29.

CASTILLO LARA, Eduardo, *El concurso mercantil y su proceso,* México, Oxford University Press, 2007, Colección de Textos Jurídicos Universitarios, p. 5.

DASSO A., Ariel, *Derecho concursal comparado,* Buenos Aires, Legis Argentina, 2009, t. 1, p. 117.

DÁVALOS MEJÍA, Carlos Felipe, *Introducción a la ley de concursos mercantiles,* México, Oxford University Press, 2002, Colección de Textos Jurídicos Universitarios, p. 20.

DEL VECCHIO Y RECASENS Siches, *"Filosofía del Derecho TOMO I"*, Unión Tipográfica Editorial Hispano-Americana, Tercera Edición, México 1946, Página 235.

HESSEN, Juan, *Teoría del conocimiento,* Décima Sexta. ed., México, Porrúa, 2009, p. 21.

MÉJAN CARRERA, Luis Manuel, *Concursos mercantiles ayuda de memoria,* México, Oxford University Press, 2010, Colección de Textos Jurídicos Universitarios, p. 3.

NAVA BEDOLLA, José, Dr., *Procedimientos metodológicos u operaciones intelectuales,* Seminario de tesis de doctorado, INADEJ

PARRY, R. & PARRY, A. E., *El concurso civil de acreedores* (Concurso civil y quiebra) Buenos Aires, Argentina, Plus Ultra, 1967, p. 98.

QUINTANA ADRIANO, Elvia Arcelia, *Concursos mercantiles doctrina ley jurisprudencia,* México, Porrúa, 2003, p. 20.

RODRÍGUEZ Y RODRÍGUEZ, Joaquín, *Derecho Mercantil,* tomo II, Décimo quinta Edición, Editorial Porrúa, México, D.F., 1980, nota 17, p. 453.

SALDAÑA ESPINOSA, Judith, *Concursos mercantiles análisis y práctica, enfoque administrativo, financiero y contable,* México, Gasca Sicco, 2005, p. 4.

Jurisprudencia de la Suprema Corte de Justicia de la Nación

Tesis aislada, 1ª. SCJN, *Semanario Judicial de la federación y su Gaceta,* Décima Época, t. I, febrero de 2014, p. 636.